재벌을 위해
당신이 희생한 15가지

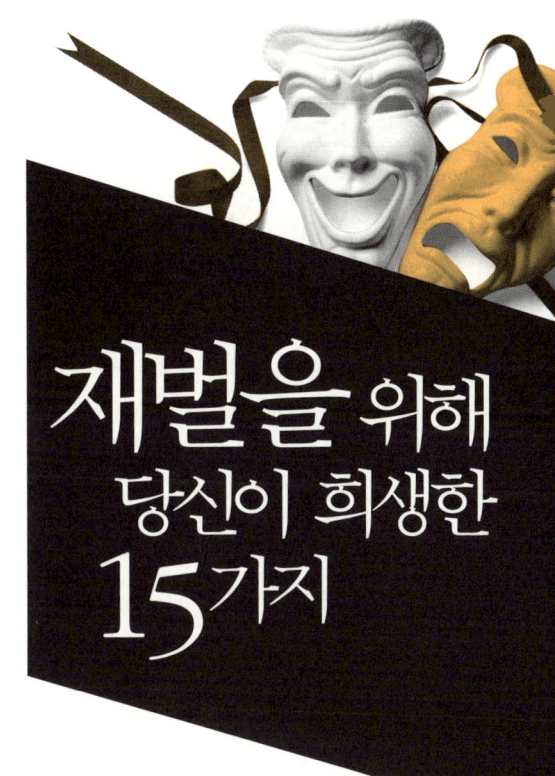

재벌을 위해 당신이 희생한 15가지

경제민주화는 옳고 그름의 문제가 아니라 **생존의 문제이다!**

최 용 섭 지음

문예춘추사

누가 봐도 불합리한 한국 특유의 사회문제는
재벌 중심의 사회구조에 그 원인이 있다.

이 책은 추상적이고 난해한 경제 이론서가 아니다. 이 책을 통해
필자는 현재의 재벌 중심적인 사회구조의 폐해가 다른 사람이 아닌
바로 당신과 당신의 이웃에게 직접적인 영향을 끼치고 있음을 구체
적이면서도 알기 쉽게 설명하고자 했다. 즉, 세계 최고 수준의 부동
산 가격, 대기업 절반 수준의 중소기업 직원 임금, OECD 국가 최
고 수준의 자영업자 비율, 세계 최장 근로시간, 지나치게 높은 사교
육비 지출, 세계 최저 수준의 출산율 및 세계 최고 수준인 자살률,
OECD 국가 중 유일한 고리사채 합법화 등 우리가 현재 겪고 있는

이러한 불합리한 사회 문제들의 원인을 살펴보면 그 중심에 재벌이 자리하고 있는 것이다.

재벌 개혁은 정의의 문제가 아니라 생존이 걸려있는 문제다.

비록 요즘 들어 경제민주화가 이슈화 되면서 재벌 개혁을 말하고 있지만, 아직까지도 많은 사람들이 그 필요성에 공감하지 못하고 있다. 재계나 보수적인 언론사뿐만 아니라 많은 정치인들과 관료들 역시 재벌 개혁이 국가의 경쟁력을 약화시켜 한국 경제를 위기에 몰아넣을 것이라고 경고하고 있다. 필자가 보기에 아직까지 재벌 개혁에 대한 반대의 목소리를 낼 수 있는 것은 그들이 여전히 재벌이 우리 사회에 끼치는 긍정적인 효과가 부정적인 효과보다 크다고 판단하기 때문이다.

이 책을 통해 필자는 재벌이 우리 사회에 끼치는 부정적인 효과가 너무나 커서 더 이상 일반 국민들이 이를 감당할 수 없다는 것을 15가지 사안별로 나누어 설명하고자 했다. 재벌 개혁은 옳고 그름의 문제가 아니라 생존의 문제이다. 즉, 재벌의 시장 지배와 경제력 남용은 옳지 않기 때문에 시정되어야 하는 것이 아니라, 지금 고치지 않는다면 우리와 우리 다음 세대의 삶이 나락으로 떨어질 수밖에 없는 매우 긴급한 문제이기 때문에 하루속히 시정되어야 한다.

상식을 바꿔야 세상이 바뀐다.

대한민국은 민주주의 국가이며, 따라서 권력은 국민으로부터 나온다. 그리고 국민 대다수의 판단을 결정하는 것은 다름 아닌 시대의 상식이다.

한국 사회가 지금까지 재벌 중심의 사회 구조로 인한 부작용을 알면서도 이를 용인하고 기꺼이 희생을 감수했던 것은 우리가 다음의 내용을 '상식'으로 간주했기 때문이다:

한국은 자원이 부족하기 때문에 경제의 급성장을 위해 재벌들에게 사회의 자원을 집중해 주어야 한다. 재벌들은 경제 성장의 견인차로써 한국 경제에 큰 기여를 하기 때문에 몇몇 부작용들이 있지만 이는 국민들이 감내해야 한다.

그런데 문제는 국민들이 감내해야 하는 '부작용들'이 너무나 광범위하고 심각하여 더 이상 사회가 감당하기 힘든 수준이며 또한, 재벌들이 수출을 통해 돈을 많이 벌었지만 그 혜택이 재벌 기업 관계자들에게만 돌아갈 뿐 사회 전반에 골고루 나누어지지 않고 있다는 것이다. 무엇보다, 예컨대 일본과 대만의 경우 우리나라와 마찬가지로 자원 부족국가로 꼽히지만, 그곳의 대기업들은 한국의 재벌과 같이 전 사회의 희생을 발판으로 성장하지 않았다. 우리가 머릿속으로 받아들이고 있는 상식이 경험적으로는 '그렇지 않다'라고 판명된 것이다.

사람은 본능적으로 일단 상식이라고 생각했다면 이를 고치기가 쉽지 않다. 재벌 개혁에 대해 반발하는 중소기업 직원들, 경제민주화에 대한 비판의 목소리를 내는 비정규직 근로자들, 여전히 재벌이 잘되면 나한테도 이익이 될 것이라고 생각하는 많은 서민, 이 모두가 지난날 자신들이 받아들였던 상식이 여전히 스스로를 옭아매고 있다.

　　이 책은 위와 같은 상식을 바꾸고자 한다. 그렇기 때문에 추상적이고 난해한 이론 대신 바로 우리의 삶과 직결되는 사안들을 중점적으로 다루면서, 재벌이 그것들에 대해 어떠한 부정적인 영향을 끼치고 있는지 보여주고자 한다.

　　상식을 바꾸는 것이 중요한 또 하나의 이유는 상식이 바뀔 때에만 비로소 개혁이 흔들리지 않고 현실화될 수 있기 때문이다. 현재 대선을 앞두고 여당과 야당 모두 재벌 개혁을 부르짖고 있다. 그렇지만, 선거가 끝나고 재벌 개혁을 추진하게 되더라도 도중에 한국 경제에 빨간불이 켜지기라도 한다면 재계와 보수적인 언론들은 '경제 위기의 극복'을 위해 당장 재벌 개혁을 중단하라고 정부를 비판할 것이다. 과거 이런 방식으로 재벌 개혁이 좌초된 사례가 적지 않다. 그런데, 만약 재벌 개혁이 안 된다면 한국 사회의 앞날은 끔찍하게 될 것이라는 사회적 공감대가 형성되고 재벌 개혁이 하나의 상식으로 자리 잡게 된다면 이러한 비판은 큰 힘을 얻지 못할 것이다.

현재 한국 사회는 더 이상 재벌 중심의 사회구조를 지탱할 수 없는 한계에 봉착해 있다. 이 책을 통해 한국 사회의 상식을 조금이라도 바꿀 수 있고 나아가 작은 힘이나마 재벌 개혁과 경제 민주화에 이바지할 수 있기를 기대한다.

끝으로 항상 따뜻한 사랑을 주시는 어머님을 비롯한 가족과 책의 출간에 물심양면으로 힘써주신 문예춘추사의 한승수 대표님께 깊은 감사를 드린다.

Chapter
01

돈 생기면 땅 먼저,
부동산 투기를 선도한 재벌

재벌의 입장에서는 투자의 위험을 무릅쓰고 사업으로 돈을 벌기 보다는 연줄과 뇌물
을 이용해서 얻은 정보로 알짜배기 땅을 사두기만 하면 곧이어 값이 엄청나게 오르는
부동산 투기만큼 쉬운 사업이 없었다.

돈 생기면 땅 먼저,
부동산 투기를 선도한 재벌

우리나라의 땅값은 국내총생산(GDP)의 7배로 세계에서 가장 높다. 2007년 서브프라임 모기지 사태가 벌어지기 전 거품이 긴 상태의 미국 땅값도 국내총생산의 0.8배이었으며, 땅값이 비싸기로 악명 높은 일본 역시 4.8배에 불과(?)하다. 주택 가격 또한 세계 최고 수준인데, 예를 들어 최근 일본의 강남이라 할 수 있는 도쿄 미나토 구 시바우라의 아파트 가격이 평당 2,433만 원을 기록하여 너무 비싸다고 사회 문제가 된 적이 있었다. 그런데 몇 년 전에 지어진 서울 송파구 신천동의 '더샵 스타파크 아파트' 가격은 이보다 평당 371만 원이 더 비쌌다. 전체 땅값을 따지자면 2007년 기준 3,325조 원으로

우리보다 100배 넓은 캐나다의 2.29배, 76배 넓은 호주의 1.36배에 달했다. 이 가격은 남한 면적의 100배가 넘는 캐나다의 두 배가 되는 땅을 사고도 남는 셈이다.

문제는 비싼 땅값으로 인해 많은 국민들이 직접적인 고통을 겪고 있는 현재의 상황이 부동산 투기의 산물이라는 점이다. 수치상으로 보면 2007년 기준 주택 보급률은 100%를 넘고 집 100만 채가 남아돌아야 한다. 그러나 현실적으로 상위 6% 가구가 사유지 기준 국토의 70%를 소유하고 있고 평균적으로 집을 5채씩 소유한 집부자가 105만 가구에 달하지만, 국민 10명 중 4명 이상이 셋방에서 살고 있다. 2005년 기준 최소 300만 가구 즉, 1,000만 명 이상이 주거 생활의 최저 기준에 미달하는 집에서 살고 있으며, 특히 지하 및 반지하, 옥탑방, 쪽방, 판잣집, 비닐하우스, 심지어 동굴이나 움막에서 살고 있는 가구가 68만 가구, 162만 명에 달한다. 그리고 1980년부터 2001년 사이에 땅값 상승으로 발생한 개발이익이 약 1,284조 원이고, 2001년과 2006년 사이 집값 상승으로 발생한 시세 차액이 약 648조 원이지만, 세제 등을 통해 국고로 환수된 개발이익은 전체의 5% 수준에 불과한 실정이다.

재벌이 일으킨 부동산 투기 붐

그런데 우리나라의 비정상적으로 높은 땅값은 역사적으로 형성되어 왔으며 여기에는 재벌들의 투기가 상당히 중요한 역할을 했다는 것을 아는 사람이 많지 않다. 우리나라의 부동산 투기는 1960년대 중반의 강남 개발, 1970년대 초 경부고속도로 건설 전후부터 시작되었지만 1970년대 후반과 1980년대 후반 특히 심하게 일어났는데 여기서 재벌들이 핵심적인 역할을 했다. 재벌들은 당시 정부로부터 지원받은 자금이나 축적한 자본을 과다하게 부동산 매입에 사용함으로써 토지에 대한 가수요를 유발시켜 전체 지가를 급상승시킨 것이다.

먼저, 1970년대 후반의 상황을 살펴보자. 당시의 재벌들은 갑자기 막대한 여유 자금이 생겼다. 크게 두 가지 원인에 기인하는데 첫째는 정부의 종합상사 지원으로 재벌들이 정부로부터 자금(국민이 낸 세금)을 지원받았기 때문이다. 박정희 정부는 수출 진흥을 위해 일본의 종합상사(sogoshosha) 제도를 모방하여 1975년부터 한국식 종합상사를 도입했다. 정부 주도로 수출을 대규모로 조직화하려는 하나의 제도로서 정부가 막대한 지원을 약속했기 때문에 모두가 종합상사로 지정 받기를 원했지만 자격 요건이 까다로웠다. 회사의 규모, 마케팅 능력, 그리고 무엇보다 연줄 등을 다각적으로 검토했기 때문에 종합상사는 그런 조건이 되거나 조건을 갖출 수 있는 재력이 있는 재벌만이 될 수 있었다.

구체적으로 자본금 10억 원 이상, 연간수출액 5,000만 달러 이상, 해외 지사 10군데 이상을 보유하고 있는 수출업체에 한해 종합상사로 지정될 수 있었고, 심사 결과 삼성물산을 필두로 현대종합상사, 선경, 효성물산, 쌍용, 대우실업, 금호실업 등 13개 기업이 지정되었다. 정부는 종합상사에 재정과 금융, 세제, 외환 부문에 이르기까지 제도적, 행정적 지원을 해주었고 입찰 경쟁 시 종합상사를 우선적으로 지원했으며 원료 수입에서도 우선권을 주었다. 예컨대, 당시의 은행 이자가 약 20%였지만 종합상사로 지정된 재벌은 8%의 낮은 금리로 대출을 받을 수 있었으며, 낮은 금리로 10여 년 이상의 장기융자 특혜 또한 받을 수도 있었다. 재벌들은 너도나도 은행에서 돈을 빌려놓고 그 돈의 상당 부분을 부동산을 구입하는 데 사용했다. 즉, 국민의 혈세를 거의 공짜로 빌려다 부동산 투기로 막대한 부를 쌓은 것이다.

둘째는 중동건설 호황으로 재벌기업 건설사들이 떼돈을 벌게 되었기 때문이다. 당시에 직원들의 월급은 노동생산성의 1/5도 못 미치는 상황이었기 때문에 벌어들인 돈의 대부분은 재벌 오너들의 호주머니로 들어갔다. 재벌들은 자사 직원들이 중동의 열악한 환경에서 피땀 흘려 벌어들인 돈의 대부분을 R&D 등에 투자하는 것이 아닌 부동산 투기에 사용했고, 그로 인해 1970년대 후반 갑자기 한국의 부동산 가격이 폭등을 거듭하게 되었다.

'투자'보다 쉬운 사업, '투기'

주지하다시피 우리나라는 수출을 통해 경제를 활성화하는 것에 사회적 합의가 이루어진 상태이기 때문에 사회의 많은 자원들이 수출 촉진을 위해 투여되었다. 재벌들은 수출을 통한 경제 활성화의 직접적인 수혜자로 수십 년 동안 정부 및 사회로부터 이와 관련된 많은 지원을 받았다. 그러나 수출이 호조를 보여 재벌들 수중에 돈이 쌓이게 되면 재벌들은 투자가 아닌 투기를 일삼았기 때문에 수출이 호조를 보일 때 부동산 투기 바람은 극도로 심해졌다.

1980년대 후반에 부동산 시장이 출렁이게 된 것은 이른바 3저 호황의 결과이다. 우리나라는 1980년대 중반이 되면 달러화 약세(엔화 강세), 저유가, 저금리 등 이른바 3저 현상에 힘입어 1986~1988년 기간 매년 10% 이상의 실질경제성장률을 기록하고 처음으로 경상수지 흑자를 기록하는 등 거시경제 상황이 전례 없이 호전되었다. 재벌은 3저 호황에 따라 막대한 자본을 확보한 상황에서 이를 부동산 구매에 사용했고 또다시 전국의 땅값을 들썩이게 만들었다.

[표1] 지가와 여타 경제지표의 상승 추이

구분	1975	1980	1983	1985	1988	비고
지가	100	328.9	440.5	533.5	836.8	8.4배
국민소득	100	174.4	174.2	210.8	309.0	3.1배
도매물가	100	224.3	276.2	289.0	373.7	3.7배

자료: 건설부, 토지공개념 확대방안, 1989년

위의 [표1]를 보면 1970년대 후반 이래 1980년대까지 지가가 국민소득과 물가에 비해 가파르게 상승했다는 것을 알 수 있다. 약 14년 동안 지가는 8.4배 상승한 데 비해 국민소득과 물가는 각각 3.1배, 3.7배로 상승했다. 유의할 것은 물가의 상승에 지가의 상승이 큰 역할을 하기 때문에 만약 지가가 안정적이었다면 물가의 상승폭은 훨씬 적었을 것이라는 점이다.

1987년 민주화 운동의 성공 이래 노동자들의 임금이 과거보다 상당히 올라 재벌들은 이와 관련해서 언론을 통해 볼멘소리를 끊임없이 쏟아 내었다. 인상된 노동비용으로는 도무지 수지타산이 맞지 않는다는 것이었다. 그러나 다음의 [표2]을 보면, 1987년과 1989년 사이 노동자들의 임금총액이 17조 원 증가한 사이 상위 5%의 불로소득은 139조 원 증가했으며 여기에는 가파른 지가 상승이 막대한 기여를 했음을 알 수 있다. 이 시기에 삼성은 85~88년 동안 기업투자 2,388억 원의 약 4배인 1조 원 상당의 부동산을 매입했고, 롯데는 기업 투자 1,168억의 5배인 6,000억 원 상당의 부동산을 매입했다.

[표2] 1987~1989년 상위 5% 불로소득 및 노동자 임금 총액

구분	상위 5%의 불로소득	노동자들의 임금총액	지가 상승률
1987	59조	43조	27.4%
1988	127조	50조	31.9%
1989	198조	60조	20.5%

자료: 통계청, 1990년

재벌들에게 부동산 투기는 일반 국민들과는 달리 매우 쉽고 안정적인 사업이었다. 정경유착으로 말미암아 정부의 국토 개발 계획에 대한 정보를 일반 국민들보다 훨씬 빨리 얻을 수 있었으며 거대한 토지를 한꺼번에 사들일 자금 또한 있었다. 삼성의 창업주 이병철의 맏아들인 이맹희는 자신의 책 〈묻어둔 이야기〉에서, 삼성이 허허벌판이었던 현재 동대구역 부근에 땅을 샀던 것은 곧 그쪽에 대형 역이 생긴다는 정보를 미리 알았기 때문이었다고 회상한다.

"1970년대 초반이었던 걸로 기억하고 있다. 요즘으로 말하자면 개발에 관한 정보를 미리 얻어서 그 땅을 샀다. 내 돈 1억 원과 제일모직 돈 1억 원, 그리고 아버지의 개인적인 돈 1억 원을 모아서 모두 3억 원으로 역 예정지 인근의 땅 수십만 평을 샀다. … (중략) … 실제 사자마자 그 땅은 보름 사이에 10배가 올랐다. 땅을 급하게 팔았음에도 불구하고 1억 원어치의 땅이 한 달 반 사이에 9억 8천만 원이 되어 있었다."

물론 이러한 투기로 인한 막대한 이윤 중 일부는 정보를 흘려준 고위 관료들에게 들어갔다. 재벌의 입장에서는 투자의 위험을 무릅쓰고 사업으로 돈을 벌기 보다는 연줄과 뇌물을 이용해서 얻은 정보로 알짜배기 땅을 사두기만 하면 곧이어 값이 엄청나게 오르는 부동산 투기만큼 쉬운 사업이 없었다. 일반 국민들은 가파르게 오르는 땅값으로 누군가가 막대한 이윤을 거두어 들인다는 것을 알게 되자 돈이 있는 사람은 너도나도 부동산 투기에 몰려들었고, 돈이 없는 사람은 심한 자괴감을 느낄 수밖에 없었다.

재벌들은 많은 돈을 부동산 투기에 쏟아 부어 소유 부동산의 장부상 가격이 자본금을 크게 웃돌았으며, 상당 부분 개발 이익을 얻기 위해 부동산을 구입했다. 즉, 미리 땅을 사둠으로써 개발 전후의 차익을 누리고자 했다. 또한, 담보를 얻기 위한 목적으로도 구입했다. 한국의 은행은 신용보다는 담보를 선호하기 때문에 담보가 될 수 있는 토지, 건물 등 부동산을 가능한 많이 가지고자 했다. 즉, 많은 부동산을 보유함으로써 자본 이득을 얻고 또 이것을 담보로 하여 다시 금융의 혜택을 얻을 수 있었다. 그리고, 대출금의 일부 또는 전부를 다시 부동산 투기에 사용함으로써 자본은 눈덩이 굴리기 식으로 급속도로 축적될 수 있었다.

우리나라는 공장용지 가격이 세계 최고 수준인 것으로 악명이 높다. 상공회의소와 민간 경제연구소의 조사에 따르면 우리나라의 공장용지는 외국과 비교했을 때 2~15배에 달한다고 한다. 재벌들은 이를 근거로 정부에 세금 혜택 등을 요구하고 생산 시설의 해외 이전을 정당화하기도 하지만, 실제 그들 자신이 이를 초래했고 이로 인해 가장 큰 이윤을 획득한 주체 역시 재벌들이다.

부동산 투기를 일삼는 재벌을 내려치는 정부의 솜방망이

노태우 정부 시절 재벌의 부동산 투기가 국민들에게까지 알려지자 정부가 나서서 재벌의 부동산 투기 현황을 조사한 적이 있었다. 조사결과 1988년 30대 재벌그룹이 소유하고 있는 토지와 건물 등의 부동산이 약 1억 3,069만 평이었다. 이는 서울시 면적의 71.2%에 이르는 규모이며 장부상 가격은 10조 12억 원으로 이전 해인 1987년에 비해 28.1% 증가한 수치였다. 그룹별로는 삼성이 전체의 20.5%를 차지했고, 그다음 선경, 쌍용, 현대, 한진의 순이었다. 정부가 재벌 기업이 소유하고 있는 비업무용 부동산을 정리하겠다고 선언하자, 재벌들은 서둘러 빈 땅에 축구 골대를 세우고 임직원들의 체력단련장이라고 변명하며 휴일마다 임직원들을 동원해 체육대회를 열었다는 것은 유명한 일화이다.

그러나 당시 정부의 발표는 빙산의 일각에 불과하다는 것은 공공연히 알고 있는 사실이었다. 일례로, 1990년 이문옥 감사원 감사관은 재벌 기업이 소유한 비업무용 부동산에 대한 감사 중단을 폭로했고 정부는 그가 국가 기밀을 누설했다고 구속 수감해 버렸다. 당시 금융감독원에서 비업무용 부동산 비율이 1.2%라고 보고했는데, 감사 결과 실제로는 그 비율이 무려 43%에 달했다고 한다. 또한 감사를 갑자기 중단하라는 지시가 있었는데, 이종기 당시 중앙일보 부회장이 감사원 사무총장과 만나고 난 후 그러한 지시가 내려왔다고 한다. 이문옥 감사관은 이를 한겨레신문에 제보했고 한겨레신문은 1990년 5월 이를 보도했다. 곧바로 대검찰청 중앙수사부가 나서서 그를 공무상 비밀누설죄로 구속해 버렸고, 그는 한참이 지난 1996년 4월 대법원에서 무죄확정판결을 받았다.

실제 재벌들이 얼마나 많이, 어떤 규모로 부동산 투기를 하고 있는지는 아무도 모른다. 투기 형태가 워낙 다양하고 은닉기술도 고도로 발달되어 있기 때문이다. 재벌의 경우 부동산 소유 사실을 숨기고자 임직원이나 친인척 명의로 부동산을 사놓는 경우가 워낙 많기 때문에, 재벌들이 실제 보유하고 있는 부동산은 통계에 나타난 수치보다 몇 배 이상 많을 것이다.

현재 진행형인 재벌의 부동산 투기

재벌 기업들은 총수 직속의 부동산 전담팀이 따로 있거나 아예 부동산을 전담하는 계열사를 가지고 있는 경우가 대부분이다. 예를 들어, 2006년 10월 금융감독원의 자료를 보면, 레저사업과 부동산업 등이 주된 사업영역인 삼성에버랜드는 삼성의 실질적인 지주회사로 서류상 1대 주주는 삼성카드(25%)이지만 이건희 회장과 그의 자녀들이 보유한 지분을 모두 합치면 45%로 전체 지분의 절반에 이른다. LG도 부동산업을 담당하는 서브원을 계열로 두고 있으며 LG의 대주주인 구본무 회장이 대표이사를 맡고 있다. SK그룹 계열로 부동산 사업을 맡고 있는 아페론은 SK家 2세인 최창원 SK케미칼 부사장이 지분 70%를 갖고 있다. 한진그룹 계열의 정석기업은 부동산 임대업을 담당하고 있으며 2005년 매출 규모는 267억 원이지만 서울 소공동 해운센터빌딩 등을 소유하며 자산 가치가 매출의 10배를 넘은 알짜 기업이다. 이 회사는 한진 그룹 순환출자 구조의 출발점으로 몇 년 전 조양호 회장 형제 간에 법정 다툼이 벌어진 곳이기도 하다. 부동산업을 담당하는 회사가 재벌 그룹 내에서 핵심적인 역할을 하고 있다는 것은 그만큼 재벌의 부 축적에 부동산이 중요한 비중을 차지한다는 것을 뜻한다.

10대 재벌의 공시지가 기준 토지 보유액이 2008년 54조 원에서 2010년 61조 원으로 급증했다. 그리고, 10대 재벌이 지난 10년 간 부동산업에 진출해 새로 세운 계열사는 모두 28개라고 한다. 계열사 수로 따지면, 10대 재벌 중 한화와 롯데의 부동산업 계열사가 각각 7개로 가장 많고, 현대차와 SK도 각각 4개로 그 뒤를 잇고 있다. 재벌 기업의 부동산 투기가 과거형이 아니며 현재 진행형임을 나타내는 수치이다.

　최근 재벌들이 평창 동계올림픽 유치 운동이 벌어졌던 2000년 이후 강원도 평창군 일대를 집중적으로 사들인 사실이 드러났다. 언론에 발표된 바에 따르면, 한 재벌 그룹 오너 가족 3명이 2005년부터 2006년 사이에 사들인 땅 1만 1,000m^2의 공시지가가 무려 10배 가까이 올랐다고 한다. 또 다른 재벌 그룹 오너는 리조트로 연결되는 국도변 땅 7만 2000m^2를 '수목원이나 화훼 농장을 꾸밀 목적'으로 샀다고 한다. 평창에 투기를 한 상당수가 평창올림픽 유치후원사로 참여한 재벌 그룹의 오너 일가이거나 임원이다. 그들은 과거와 마찬가지로 자기들만이 얻을 수 있는 정보를 이용해서 부동산 투기로 막대한 차익을 얻고 있는 것이다.

중소기업의 낮은 임금,
왜 구조적 문제인가

전체적으로 2011년 8월의 경제활동 인구조사에 따르면 한 달 월급 기준 120만 원 미만을 받는 저임금근로자가 468만 명에 달하고 있고, 이는 우리나라 경제활동 인구의 무려 20%에 해당하며 5명 중 1명은 일하면서도 생계에 위협을 느끼고 있는 것이다.

중소기업의 낮은 임금,
왜 구조적 문제인가

우리나라 구직자들이 대기업 취업을 선호하고 중소기업 취업을 기피하는 것은 여러 가지 이유가 있겠지만 다른 무엇보다도 임금 차이가 너무나 크기 때문이다. 비슷한 일을 하더라도 임금 격차 때문에 중소기업에서 일을 할 마음이 내키지 않는 수준이 아니라, 중소기업에서 피땀 흘려 열심히 일을 해 봤자, 특히나 가족을 부양하는 입장에서는, 최소한의 생활 수준을 영위하기조차 쉽지 않은 상황이기 때문이다.

예컨대, 2011년 기준 자산순위 30대 그룹 소속 193개 상장사의 부장급 이하 직원이 받는 평균 연봉은 6,349만 원이었다. 그러나, 300인

이하 중소기업 직원이 받는 평균 연봉은 4년제 대학 졸업 남성 직장인의 기준으로 20대가 2,099만 원, 30대가 3,020만 원 정도였기 때문에 전체적으로 고려하면 평균 3,000만 원이 채 안 된다. 이는 대기업의 절반에도 미치지 못하는 수치이다. 중소기업의 비정규직으로 일하는 경우 상황은 더욱 열악해서 평균 월 126만 1천 원의 월급을 받는 것으로 조사되었다. 최저임금위원회가 발표한 2011년 1인 가구 노동자 월 생계비는 141만 원이기 때문에 만약 자녀가 있다면 부부가 열심히 맞벌이를 한다고 하더라도 월급만으로는 제대로 생활할 수 없다.

한국의 산업구조는 1%의 대기업과 99%의 중소기업으로 이루어져 있으며, 종사자수를 기준으로 하면 전체 종사자의 약 88%를 중소기업 종사자가 차지한다. 따라서 중소기업의 월급이 낮다는 것은 우리나라 대부분의 직장인들의 임금이 낮다는 것을 뜻한다. 즉, 우리 나라 직장인의 대다수가 열심히 일해도 가난에서 벗어나지 못하는 워킹푸어(Working Poor)에 해당하는 시대가 도래한 것이다.

참고로 2012년 우리나라 최저임금은 시간당 4,580원이며, 월급으로 계산하면 한 달에 97만 6,320원을 받는 셈이다. 이는 물가수준에 비해 턱없이 낮은 수치이다. 다음의 [표3]에서 보듯이 상대적 비교를 위해 2010년 기준으로 물가를 고려한 우리나라의 실질 최저임금(4,110원)과 일본의 실질 최저임금을 비교하면 우리나라의 경우 일본의 40%에도 미치지 못하는 실정이다. 더군다나 [표4]에서 보듯이 이명박 정부의 5년 동안 연평균 최저임금 상승률은 5.2%에 불과하여 1993년 이후 역대 정부 중 가장 낮은 상승률을 기록했다.

[표3] 2010년 기준 주요국 시간당 실질 최저임금 수준

(단위: USD)

구분	한국	일본	프랑스	영국	미국
실질 최저임금*	3.06	8.16	10.86	7.87	6.49

자료: 한국노동연구원, 〈2012 KU 해외노동통계〉, 2012년 6월 20일
*실질 최저임금은 각국의 2005년 기준 소비자물가지수(CPI)를 반영한 실질임금을 달러로 환산함 (자료: OECD, 2012년 4월 현재)

[표4] 최저임금 인상률 비교

(단위: %)

구분	김영삼 정부	김대중 정부	노무현 정부	이명박 정부
명목 최저임금 인상률	8.1	9.0	10.6	5.0
물가 상승률	5.0	3.5	2.9	3.6
실질 최저임금 인상률	3.1	5.5	7.7	1.4

자료: 연합뉴스, 2012년 7월 3일

'재벌 기업'만 돈 잘 버는 나라

신문과 방송에서는 1%에 해당하는 재벌 기업 직원들의 높은 연봉이 떠들썩하게 소개되면서 우리나라가 마치 세계의 어느 선진국 못지 않는 풍요로운 노동자들의 천국인 것 마냥 환호하고 있다. 얼

마 전 기사에 보면 2011년 회계연도 기준으로 직원의 평균 연봉이 가장 높은 곳은 현대차그룹으로 8,401만 원이었고, 2위는 현대중공업그룹으로 7,636만 원이었으며, 3위는 삼성그룹으로 7,481만 원이었다. 그런데 한국에서 최저임금을 받고 일하는 인구가 약 250만 명이며 최저임금도 받지 못하고 일하는 인구가 약 200만 명이라고 하는 사실은 잘 드러내지 않는다. 전체적으로 2011년 8월의 경제활동 인구조사에 따르면 한 달 월급 기준 120만 원 미만을 받는 저임금근로자가 468만 명에 달하고 있고, 이는 우리나라 경제활동 인구의 무려 20%에 해당하며 5명 중 1명은 일하면서도 생계에 위협을 느끼고 있는 것이다.

재벌 기업과 중소기업의 임금 차이가 큰 이유는 다른 나라와 비교했을 때 유독 한국에서 재벌 기업이 중소기업 보다 훨씬 돈을 잘 벌기 때문이다. 문제는 이러한 차이가 공정한 경제활동에 따른 자연스러운 현상이 아니라 과거부터 수십 년 동안 지속되어 온 친재벌 정책 및 현재에도 공공연하게 자행되고 있는 불공정한 거래 관행의 산물이라는 사실이다.

재벌 기업의 규모 확대

먼저 우리나라는 왜 미국, 유럽 등 다른 산업국가의 경우보다 훨썬 높은 비율로 중소기업들이 재벌 기업들의 하청업체가 되었는지를 역사적인 면에서 살펴볼 필요가 있다. 참고로, 정부의 발표에 따르면 2009년 제조업체 기준으로 중소기업의 47%가 대기업의 직접적 협력업체이고 이들은 매출액의 85% 이상을 대기업에 납품한다고 한다. 그러나 실제 재벌 기업의 직접적인 하청업체의 수 못지않게 그 하청업체의 하청업체, 또 그 하청업체의 하청업체 이런 식으로 줄줄이 연계되어 있다. 특히 회사 규모가 큰 기업일수록 재벌 기업의 직·간접적인 협력업체인 경우가 대부분이다.

한국에서 재벌의 경제적 집중이 비정상적으로 심화된 처음 시기는 1970년대이다. 그 이전 시기에도 재벌 기업 성장의 여러 계기들이 존재했지만, 1970년대야말로 제1차 및 제2차 석유 파동의 여파로 중소기업들은 연이어 도산하는데 재벌 기업들만은 급성장을 거듭한 시기였다.

먼저 1970년대 중반부터 살펴보면, 이 시기에 정부는 중화학공업화를 선언하면서 '철강, 화학, 비철금속, 기계, 조선, 전자'의 6개 부분을 전략산업으로 선정하고 금융, 조세, 재정, 기술지원 등 다양한 분야에서 끌어온 막대한 자원을 이들 산업에 집중적으로 투입했다. 1974년부터 시작된 제1차 석유 파동의 여파로 많은 기업들이 생존에 어려움을 겪게 되는 가운데 정부의 지원을 받을 수 있었던 재벌 기업들은 상대적으로 엄청난 재력으로 몸집을 급격히 키워 나갔다. 중화학공업화를 실현시키기 위한 정부의 재벌 지원에는 1973년부터 1981년까지 3조 원이 넘는 엄청난 규모의 돈(1970년 불변가격기준으로 계산할 때)이 쏟아 부어졌다. 이는 같은 기간 제조업 전체 투자의 64% 이상에 해당하는 수치였다.

정부의 지원은 재정 지원과 함께 금융지원 및 조세감면을 통해 이루어졌다. 구체적으로 보면, 재정지원을 위해 정부는 1973년 12월 '국민투자기금법'을 만들었고 이에 따라 국민투자채권을 발행하고 공무원연금 기금도 국민투자기금으로 활용했으며, 또한 은행 저축성예금의 20%는 국민투자기금에 예탁해야 했다. 국민투자기금의 규모는 전체 국가 재정융자의 80~90%에 달할 만큼 높았으며 다음의 [표5]에서 보듯이 70년대 중반 이후 급격히 확대되었다. 국민투자기금은 농·어촌 개발 등에도 투입되었으나 중화학공업부문에만 연평균 67.9%가 투입되었기 때문에, 중화학공업화의 실제적 운용을 담당한 재벌들이 국민투자기금으로 지원받은 규모는 엄청났다.

[표5] 국민투자기금 지원 추이

(단위: 억 원)

1974	1975	1976	1977	1978	1979	1980	1981	합계
626	1,066	4,607	2,013	3,626	4,397	4,384	5,480	23,149

자료: 재무부, 〈재정투융자백서〉, 1982년

이에 더해 금융지원 또한 함께 이루어졌는데, 이는 주로 당시 정부의 통제 하에 있던 산업은행 자금의 대부분을 재벌 기업들에게 집중적으로 대출해 주는 방식으로 이루어졌다. 또한, 조세 지원 역시 파격적으로 실시되었다. 재벌들은 중화학공업의 각종 시설재 수입 시 관세를 감면 받았고, 설비투자 시 법인세 역시 감면 받았다. 또한 공장 설립 후 처음 3년간 100%, 다음 2년간 50%의 내국세 감면 혜택을 받았다.

1970년대 후반기가 되면 앞장에서 살펴본 바와 같이 재벌들은 종합상사를 설립하면서 막대한 지원을 정부로부터 얻어 냈다. 1978년 가을부터 시작된 제2차 석유 파동으로 인해 많은 중소기업들이 도산의 위기를 겪고 있는 동안, 재벌들은 은행 이자의 절반도 안 되는 낮은 금리로 10년 이상의 장기 융자 대출을 받아냄으로써 자신들의 기업 규모를 급격히 확장시켜 나갔다. 특히 이 시기 재벌들은 수출 물량을 늘리기 위해 수출 기업 신설뿐만 아니라 기존 중소기업들을 인수하거나 합병하면서 계열사를 확대하는 방식을 사용했다. 종합상사로 지정된 후 얼마 되지 않아 삼성, 현대, 럭키, 대우는 각각 20개 이상의 계열사를 새로 만들었고 효성, 선경, 쌍용, 금호 등도 그 뒤를 따랐다. 그 와중에 많은 중소기업들이 재벌 기업에 흡수되거나 재벌 기업들의 하청업체로 전락했다.

재벌 기업과 하청업체와의 주종관계 시작

봉건시대에 자영농들이 흉년으로 자신들과 가족들의 생계가 막막해지자 스스로 귀족 가문의 농노가 되는 길을 택했던 것과 마찬가지로, 1970년대 석유 파동으로 인한 불경기를 맞아 생존의 위기에 놓인 많은 중소기업들이 스스로 재벌들의 하청업체가 되는 길을 택한 것이다. 그러나 1980년대 중반까지만 해도 하청업체와 재벌 기업들 간의 관계가 착취 관계까지는 아니었다. 적어도 둘 사이의 관계가 사회문제로까지 대두되지는 않았다. 왜냐하면 그때까지만 해도 재벌 기업들은 자사의 직원들을 마음껏 착취할 수 있기 때문에 굳이 하청업체까지 착취할 필요가 없었던 것이다.

1987년 6월의 민주화 투쟁은 경제적 측면에서도 하나의 커다란 전환점이 되었다. '6.29 선언' 이후 전국적으로 확대된 '노동대투쟁'을 계기로 거의 모든 대기업에서 노조가 창설되었고, 그 전국 조직인 민주노총이 강력한 사회세력으로 부상했다. 재벌들은 임금 인상과 노동 조건의 개선이라는 양보를 통해 축적을 지속할 수 있었지만 이후 끊임없이 '고비용과 저효율'로 인해 위기 상황에 놓여있다고 정부에 불평했다. 특히 재벌들은 임금인상이 기업 경쟁력 저하의 주요 요인이라고 주장했지만, 1970년에 비해 1990년의 실질임금은 4배 정도 상승했고 노동생산성 지수는 7배나 올랐다. 1980년대 후반의 높은 임금인상은 1980년대 전반기 이래 실질임금이 저하했다가 1987년 6월 이후 노동운동을 통해 단기간 내에 회복된 것에 불과하다.

노동 비용을 보다 낮추기 위해 재벌들은 외부적으로 생산 과정의 전부 또는 일부의 해외 이전이 불가피하다고 주장하면서 정부에 노동법 개정을 요구했다. 그리고, 내부적으로는 특히 '3저 호황'으로 벌어들인 막대한 자금을 활용하여 중소기업들을 하도급거래 구조에 배치하고 이를 통해 소재, 부품, 조달 및 노무관리의 '간접' 지배 체계를 안정적으로 구축했다. 그 결과 1980년대 후반 하도급 거래가 크게 확대되면서, 중소기업 전체 매출액에서 국내기업에 관한 주문 생산액이 차지하는 비중은 1986년 24.8%에서 1991년 66.8%로 급격하게 높아졌다.

종합하면 세 번의 주요 시기―1970년대 중반, 1970년대 후반부터 1980년대 초반, 그리고 1980년대 후반부터 1990년대 초반―를 거치면서 대부분의 중소기업들이 수적으로는 몇 개 되지 않는 재벌 기업의 하청업체로 놓이게 되는 한국 특유의 생산 구조가 형성되었다.

특히 마지막인 1980년대 후반부터 1990년대 초반이 중요한데, 이 시기 재벌들은 자사 직원들의 임금을 올려주는 대신 급격히 하청을 확대하면서 자사 노동비용 급증으로 인한 전체 생산비 증가 부분을 하청업체로부터 충당하려고 했다. 노조의 활성화로 인해 자사 직원들의 착취가 불가능해진 상황에서 하청업체에 대한 착취로 방향을 바꾼 것이다. 그리고 이 시기 재벌 기업과 하청업체 간의 불공정한 거래 관행 역시 본격화되었다. 즉, '고비용과 저효율'을 말하면서 끊임없이 불평을 쏟아냈던 재벌들의 압력과 로비에 굴복한 정부가 재벌 기업과 하청업체 간의 불공정한 거래를 묵인함으로써 이것이 하나의 관행으로 확립된 것이다.

재벌 기업과 하청업체 간의 불공정 거래

재벌 기업과 하청업체 간의 불공정한 거래 관행 중 중요한 몇 가지를 살펴보면 다음과 같다. 첫째, 부당한 납품단가 인하 압력을 들수 있다. 공정거래위원회가 조사한 바에 따르면 대기업의 납품 단가 후려치기는 고질병 수준으로 매우 심각한 상황이라고 한다. 납품 단가 조정은 양측의 협의 하에 이루어져야 하지만, 실제로는 대기업에 의해 일방적으로 결정되기 때문에 중소기업이나 전체 경제 상황을 고려하지 않고 대기업의 입장에서 임의로 결정된다. 이를 테면, 대기업의 연간 이익 목표가 결정되면 여기에 맞춰 원가 절감 목표가 세워지고, 이를 달성하기 위해 단가 인하 목표가 설정되면 대기업은 하청업체의 생산라인까지 직원들을 보내 제품의 생산 비용을 샅샅이 파악한다. 예를 들어 원래 생산라인에서 10명이 일할 것을 7명이 일해 이익을 더 냈다고 하면 즉각 납품단가 인하를 요구한다. 현재 대기업은 평균적으로 하청업체에게 약 3% 정도의 낮은 이익률만 허용하고 있는 실정이다.

　재벌 기업의 납품단가 후려치기는 구조적인 문제이기도 하다. 대기업의 구매 담당 직원들은 부품 공급업체 선정과 납품단가 결정을 책임지고 있다. 그들은 회사가 하달한 원가 절감 목표를 달성하기 위해 하청업체에게 단가 인하 압력을 가할 수밖에 없다. 만약 하청업체의 이익이 많이 날 경우 대기업의 구매담당 직원이 인사상의 불이익을 받기 때문이다. 또한 하청업체 입장에서는 대기업 구매담당 직원들의 요구를 들어주지 않으면 '제품에 하자가 있다'며 계속 시비를 걸고 결국 최종 납품 승인을 해주지 않기 때문에 완제품 가격이 올라갈 때도 원자재 가격이 상승 할 때도 대기업에서 원하면 납품 단가 인하에 응할 수밖에 없다. 그 결과 2008년 세계적 경제 위기 상황에서도 하청업체들의 희생을 발판으로 재벌 기업들은 사상 최대의 실적을 거두었다.

　언론에 공개된 몇 가지 예를 들어보자. 2005년과 2008년 사이 삼성전자는 LCD 부문 원가절감을 위해 내부적으로 납품단가 인하 목표액을 설정한 뒤, 핵심부품인 백라이트유닛(BLU) 납품업체들에 부품단가 인하율을 일방적으로 적용했다. 또한, 공정거래위원회의 자료에 따르면 삼성전자 무선사업부는 협력업체가 단가 인하에 비협조적이거나 단가 인하 목표에 미달한 경우, 그리고 단가 인하 요소 제공 건수가 없을 경우 모두 관련 평가 점수를 0점으로 처리했다고 한다. 2011년 현대차그룹은 경기침체의 시기에 모든 1차 협력업체의 납품단가를 2~5% 수준으로 내릴 것을 요구했고 이를 대부분 관철시켰다고 한다. 또한 LG전자의 경우 지난 2007년 환율 때문에 손실이 발생하자 이를 모두 협력업체에 떠넘기기 위해 환율변동에 따른 특별 단가 인하를 요구하여 무려 4개월을 소급하여 납품단가를 깎기도 했다.

둘째, 중소기업의 핵심기술 가로채기 또한 매우 심각한 수준이다. 하청계약을 맺을 때 관례적으로 대기업은 중소기업에게 관련된 핵심기술을 포함한 모든 정보를 요구한다. 중소기업으로부터 넘겨받은 자료를 이용하여 대기업은 중소기업의 기존 기술과 기본적인 개념은 같지만 일부 내용이 다른 유사한 기술을 만들어 이를 다른 계열사에게 주거나 다른 중소기업에 넘기면서 훨씬 저렴한 가격으로 납품 받고자 하는 것이다.

예를 들어, 두산인프라코어는 A사로부터 굴착기 등 중장비 엔진에 들어가는 EGR쿨러를 납품 받아오다 2009년 A사가 제공한 관련 설계도면과 견본 등을 A사와 경쟁 관계에 있는 B사에 넘겨주었다. B사로부터 저렴한 가격으로 EGR쿨러를 납품 받기 위해 기술을 빼돌린 것이다. B사는 그 기술을 이용해 유사제품을 만들어 A사 보다 낮은 가격으로 두산인프라코어와 납품 계약을 맺었다. 또한 얼마

전인 2012년 봄에는 중소기업 엔텍의 채권단이 삼성전자에 1년 동안 납품하다 기술 가로채기를 당했고, 납품이 중단되자 부도가 났다고 주장하고 신라호텔 객실을 점거, 보상을 요구한 사건이 있었다. 올해 8월에는 롯데 그룹의 피에스넷이 중소납품업체인 네오아이씨피의 ATM기 구동 소프트웨어 등의 기술을 가로챈 혐의로 경찰의 압수수색을 받기도 했다.

위의 두 가지 경우 이외에도 부품을 만들었는데 발주를 취소하여 중소기업이 막대한 손해를 입는 경우도 있었다. 공정거래위원회의 조사 결과 삼성전자는 2008년 1월부터 2010년 11월까지 2만 8,574건에 이르는 납기 이후 발주 취소나 지연수령 행위가 적발됐다. 이로 인해 피해를 입은 중소기업은 151곳에 달했지만, 삼성전자는 피해금액 763억 원을 한 푼도 보상하지 않았다고 한다. 또한, 2012년 5월 LG전자 간부들이 하청업체들에게 수시로 돈을 빌린 뒤 갚지 않아 막대한 피해를 입었다고 하청업체가 고발한 경우도 있었다. 보도된 바에 따르면 이러한 돈 거래가 LG전자와 협력업체 사이의 '관행'이었다고 한다.

불공정 거래의 결과

　재벌 기업과 중소기업의 불공정한 거래 관행 뒤에는 유독 재벌 기업에만 솜방망이 처벌을 하는 국가기구 및 사법부가 있다. 예를 들어, 최근 5년간 공정거래법을 위반해 재벌이 올린 매출 규모는 119조 원에 달하지만, 과징금은 1조 원으로 불과 0.9% 정도였다고 한다. 법적으로 보더라도 현행 공정거래법은 관련 매출액의 10%까지 과징금을 부과할 수 있지만 막상 처벌과 관련해서 공정거래위원회는 지금까지 '재벌 봐주기'를 일삼아 왔고 공정거래위원회가 처벌을 요구하더라도 재판이 벌어지면 사법부는 재판을 질질 끌거나 매우 가벼운 처벌만을 내렸을 뿐이다. 미국 등의 선진국의 경우와 같은 징벌적 손해 배상 제도가 확립되지 않으면 재벌 기업과 중소기업의 불공정한 거래 관행이 없어질 확률은 거의 제로에 가깝다.

　대기업들의 착취의 결과 중소기업은 낮은 이익률로 인해 기술 개발이나 신규 투자를 할 여력이 없을 뿐 아니라 직원들의 월급을 올려 줄 여유 자금 조차 없다. 설혹, 중소기업이 여유 자금이 있거나 틈틈이 시간을 쪼개 기술혁신 또는 원가절감 노력 등을 통해 이익을 높이려고 해도 중소기업의 생산 공정 상황을 파악하고 있는 대기업이 그만큼 납품단가를 인하해 버리기 때문에 지금 상황에서는 그러한 노력 자체가 부질없는 행동일 따름이다. 실제로 한국금융연구원 이규복 박사에 따르면, 우리나라 중소기업의 연구개발(R&D)

투자는 대기업의 수익성 증가에 영향을 끼치지만, 중소기업 자신의 수익성 증가에는 기여하지 못하는 것으로 나타났다. 전후 사정을 모르는 사람이 본다면 이는 매우 특이한 상황이라 할 수 있다.

2012년 5월 29일 취업포털 사람인이 구직자 2,836명을 대상으로 조사한 바에 따르면, 절반 이상인 1,116명이 대기업 공채에 떨어지더라도 중소기업에 지원할 생각이 없다고 한다. 그 이유로 가장 큰 비중을 차지한 바는 낮은 임금과 열악한 복리후생이었다. 사정을 잘 모르는 사람들은 구직자가 배부른 소리를 한다거나 그들의 허영심을 탓하지만 내용을 면밀하게 살펴보면 그들의 선택은 하나의 '합리적' 판단이라고 볼 수 있다. 중소기업의 낮은 임금은 현 한국 사회의 구조적인 문제이고, 중소기업을 기피하는 현재의 상황에 대한 책임은 구직자가 아닌 대기업 즉, 중소기업을 하청업체로 두면서 착취하고 있는 재벌 기업에 돌려야 한다.

탐욕의 몸 불리기,
자영업자의 급증과 영세화

프랜차이즈 업체의 지원을 받으면 특별한 기술 없이도 창업이 가능하고, 브랜드 인지
도 때문에 매출이 어느 정도 보장될 것이라고 기대하여 많은 자영업자들이 프랜차이
즈를 택하고 있다. 그러나 대기업 프랜차이즈 업주들은 가맹점주들에게 비싼 비용을
들여 시설교체 하기를 강요하거나 물품대금을 현금으로만 받거나, 바로 이웃에 신규
점포를 내주는 식으로 횡포를 일삼고 있다.

탐욕의 몸 불리기,
자영업자의 급증과 영세화

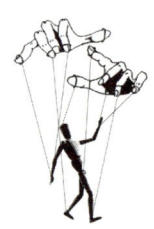

한국의 자영업자 비중은 2011년 기준 31.3%로 세계 최고 수준이다. OECD 국가의 평균 자영업자 비중이 15.8%이기 때문에 우리나라의 자영업자 비중은 OECD 평균의 두 배에 이른다. OECD 국가들 중 우리나라보다 자영업자 비중이 높은 나라는 그리스(35.1%), 멕시코(33.9%), 터키(39.0%) 세 나라인데 이들은 관광산업이 크게 발달한 나라들이라 한국의 높은 자영업자 비중은 매우 특이한 경우이다. 과거 자영업자 비중이 높았던 일본의 경우 1990년의 22.3%에서 2008년에는 13.0%까지 떨어졌고 미국 7%, 독일 11.7% 등 다른 선진 산업국은 이 보다 훨씬 낮은 수치를 기록하고 있다.

우리나라의 자영업자는 서비스업에 종사하는 사람들이 대부분으로 이들은 주로 음식점이나 주점, 커피 전문점, 세탁업, 제과점, 이·미용실 등의 개인서비스업과 편의점, 슈퍼마켓 등의 유통서비스업에 집중적으로 몰려 있다. 그런데 1차 산업, 2차 산업, 3차 산업으로 구분 지어 볼 때 3차 산업인 서비스업 종사자가 많다는 것은 그만큼 1차 산업, 특히 2차 산업인 공업 분야 종사자가 적다는 것을 뜻한다. 즉, 다른 선진국들의 경우도 1차 산업 종사자 비중은 비슷하기 때문에 우리나라의 높은 자영업자의 비중은 낮은 제조업 분야 종사자의 비중과 상관관계에 있다. 기획재정부에 따르면 2008년 기준 제조업체가 전체 사업체에서 차지하는 비중은 9.8%로 10%에도 미치지 못하며, 제조업의 취업자 비중은 1990년 27%에서 2007년 18%까지 크게 줄었다.

중소기업 취업 기피 현상과 자영업자의 급증

현재 한국의 제조업 고용 비중 하락세는 다른 선진국들의 2배에 가까운 속도라고 한다. 산업연구원에 따르면 우리나라는 1991년 이후 제조업 고용 인구가 감소하는 고용의 탈공업화 현상이 진행 중이다. 그 결과 이미 1996년 11월 기준 제조업 종사자 비율은 21%로 서비스업 종사자 비율인 28% 보다 7%나 낮았다. 다른 나라의 경우 1994년 기준으로 일본 23.2%:22.4%, 대만 27.8%:21%, 싱가포르 27.0%:22.8%, 독일 28.7%:15.1%로 모두 제조업 취업자 비중이 훨씬 높았다.

이러한 현상은 1980년대 말부터 심화된 재벌 기업들의 중소기업 착취와 깊은 연관성이 있다. 앞장에서 설명했듯이, 이 시기 재벌들은 노동민주화에 따른 자사의 노조 활성화로 임금 상승 압력에 굴복할 수 없었고 이를 만회하기 위해 하청을 확대했다. 나아가 자사의 노동비용 급증으로 인한 전체 생산비 증가 몫을 하청업체로부터 충당하기 위해 불공정한 거래 관행을 본격화했다. 그 결과 중소제조업체의 부가가치를 종업원수로 나눈 생산성은 1988년 대기업의 53.9%에서 1990년 49.3%, 1993년 45.7%로 계속 하락했다. 제조업 부문 중소기업의 매출액 경상이익률도 1985년 3.05%를 기록하면서 대기업의 2.32% 보다 높았으나 1990년 대기업보다 낮아졌고, 1995년에 이르면 1.49%로 대기업의 4.40%에 크게 뒤떨어졌다.

한국의 구직자는 상대적으로 높은 임금과 좋은 근로조건을 가진 대기업에 취직하기를 희망하지만 높은 경쟁률 때문에 대기업 취직은 결코 쉽지 않다. 더군다나 대기업은 이윤을 많이 거두어도 쉽게 채용인원을 늘리지 않는다. 실제 1996년과 2006년 사이 대기업 일자리는 130만 개 감소되었다. 중소기업은 상대적으로 들어가기 쉽지만 낮은 임금과 열악한 근무환경으로 많은 구직자들이 기피하고 있다. 결국 수중에 장사를 할 돈이 조금이라도 있거나 혹은 은행, 심지어

제2금융사 등으로부터 목돈을 대출 받는 게 가능한 사람들이 너도 나도 자영업에 뛰어들었고 그 결과 한국의 자영업자 비중이 비정상적으로 높아진 것이다.

외환위기 이후의 급격한 영세화

1997년의 외환위기는 자영업자 수가 급격하게 늘어나는 시발점이 되었다. 강요된 구조조정에 의해 엄청난 수의 실직자가 양산되었고 그들이 재취업할 수 있는 기회도 거의 없었다. 쏟아져 나온 실직자들은 퇴직금, 아파트 담보 대출 등으로 대거 치킨 가게, 피자 가게, 커피 전문점 등을 열었다. 그 결과 2002년 중순까지 자영업자의 수를 급증시켰으나, 생계를 위해 급하게 가게를 열다 보니 경쟁력을 제대로 갖추지 못했고 많은 자영업자들이 얼마 안 가 도산하는 사태에 이르렀다.

현대경제연구원의 조사에 따르면 2009년 말 기준으로 우리나라 음식점 수는 44만 개로 인구 114명당 하나 꼴이다. 의류점은 인구 595명당 하나, 부동산중계업소는 인구 650명당 하나, 미용실은 746명당 하나가 있다. 2009년 창업한 92만 5,000명 중 35%인 32만 5,000명이 음식점, 의류점, 부동산, 커피 전문점, 제과점 등의 생활밀접형 업종으로 창업했다고 한다. 상대적으로 창업이 쉬운 생활밀접형 업종에 몰리다 보니 과당 경쟁이 불가피하고 이로 인한 생존경쟁 역시 불가피한 상황에 있다.

자영업자 수는 일정 기간을 주기로 상승과 하강을 반복하는 경향이 있다. 자영업자의 수가 연속적으로 증가하게 되면 이후 경쟁 심화에 따른 적자 누적으로 연쇄 도산을 불러와 급감하는 패턴이 전개된다. 위의 1997년 외환위기로 인해 급격히 증가한 자영업자의 수는 2002년 8월에 630만 9,000명으로 정점을 찍은 후 단기간에 급격히 정리되어 2003년 1월까지 50만 명이 도산했다. 2008년부터 시작된 글로벌 경제위기 역시 자영업자의 폭증을 유발했고 2008년 6월 609만 3,000명까지 늘어났으나 이후 2011년 1월 528만 3,000명으로 80여 만 명이 감소했다. 경제위기가 생계형 자영업자를 대거 잉태하여 자영업 부문의 거품을 낳았고, 창업이 상대적으로 쉬운 업종에서의 과도한 경쟁으로 말미암아 단기간에 상당수의 자영업자를 도산시키는 악순환이 반복된 것이다.

살아남은 자영업자의 상황도 그리 좋지 못하다. 자영업 내 경쟁은 매우 치열하지만, 소규모 자본의 한계상 가격 차별화만이 거의 유일한 차별화 전략이 되었다. 가격인하 경쟁, 원가 줄이기 경쟁이 무차별적으로 행해져 자영업자들의 수익성은 급감했다. 다음의 [표6]은 자영업자들의 월평균 순수익을 보여주는 것으로 그들의 상황이 얼마나 절박한 지를 보여주고 있다. 자영업자의 약 57.6%는 한 달 소득이

100만 원 이하이다. 아무 일도 하지 않고 최저생계비를 받는 (4인 가족 기준의) 기초생활수급자보다 오히려 못한 실정이다. 한국노동연구원이 지난 2011년 10월 내놓은 '최근 자영업 노동시장 특성 및 자영업자 가구소득 실태'를 보면, 자영업자 가구의 상대 빈곤율은 1990년 6.3%에서 2010년 8.4%로 증가했다.

[표6] 자영업자들의 월평균 순수익

적자 및 무수입	1~100만 원	101~200만 원	201~300만 원	301~400만 원	401만 원 이상
26.8%	30.8%	23.4%	9.9%	3.5%	5.6%

자료: 소상공인진흥원, 2011년 10월

다음의 [표7]은 업종별 자영업자의 평균 생존기간을 보여주고 있다. 조선일보와 현대경제연구원의 분석에 따르면 창업한 뒤 3년을 버틴 자영업자는 46.4%에 불과하다고 한다. 대략 한 해에 60만 개가 생겨나고, 58만 개가 퇴출되는 실정이다. 자영업자가 많이 뛰어드는 음식 및 숙박업은 한 해 평균 12만 4,000개의 신규 사업체가 생겨나는 동안 12만 7,000개 업소가 폐업하고 있다.

[표7] 업종별 자영업자 평균 생존기간

(단위: 년)

업종	여관업	치과	세탁소	노래방	의류점	PC방	한식당	유흥주점
기간	5.2	4.9	4.5	4.4	2.1	2.5	2.8	2.8

자료: KDI, 2006년

자영업자의 경제적 어려움은 과다한 빚을 내 창업한 데도 기인한다. 2012년 6월 말 기준으로 국민은행, 신한은행, 우리은행, 하나은행, 농협 등 5개 시중 은행의 자료만 보더라도 자영업자 대출 잔액이 109조 3,000억 원에 달해 2011년 말보다 무려 5조 9,000억 원(5.7%) 늘어났으며, 같은 기간 신규 대출의 84%가 자영업자에게 몰렸다고 한다. 통계청 조사에 의하면 2011년 자영업자의 평균 가계 부채는 8,500만 원으로 5,100만 원인 일반 직장인보다 훨씬 많다. 가게 하나 내는 데 필요한 평균 창업비용이 6,570만 원에 달하기 때문이다. 그 결과 자영업자 수의 급증으로 은행, 제2금융권, 사채업자 등만 돈을 벌고 있는 상황이다.

개미지옥 같은 프랜차이즈

자영업자의 경제적 어려움과 관련 대기업 프랜차이즈 업주의 횡포 또한 사회문제가 되고 있다. 프랜차이즈 업체의 지원을 받으면 특별한 기술 없이도 창업이 가능하고, 브랜드 인지도 때문에 매출이 어느 정도 보장될 것이라고 기대하여 많은 자영업자들이 프랜차이즈 제과업체, 커피 전문점, 아이스크림 전문점, 편의점 등을 택하고 있다. 그러나 대기업 프랜차이즈 업주들은 가맹점주들에게 비싼 비용을 들여 시설교체 하기를 강요하거나 물품대금을 현금으로

만 받거나, 바로 이웃에 신규 점포를 내주는 식으로 횡포를 일삼고 있다.

가장 대표적인 경우가 SPC 그룹이다. 파리바게뜨, 파스쿠찌, 배스킨라빈스, 던킨도너츠 등 11개 브랜드를 운영중인 SPC 그룹은 전국에 3,000여 개의 점포를 가지고 제빵·제과 프랜차이즈 시장의 65%를 차지하고 있는 재벌 기업이다. SPC 그룹은 가맹점주에게 5년마다 인테리어 재시공 및 매장 확대 등을 강요하고, 그 공사를 특수관계에 있는 업체에 몰아주어 비난을 받고 있다. 가맹점주들은 계약 해지를 당하지 않기 위해 많게는 수억 원을 들여 공사를 다시 하거나 매장 확대를 할 수 밖에 없고, 돈이 부족한 경우 SPC 그룹 내의 제2금융사인 SPC캐피탈로부터 매장을 담보로 돈을 빌려 공사를 했다. 심지어 시중가가 500만 원인 커피머신을 1,000만 원에 강매하기도 했다고 한다.

프랜차이즈 가맹점주가 아닌 관련 업종의 영세 상인들의 피해 또한 극심하다. 대기업 프랜차이즈 업주들은 강력한 브랜드 인지도를 앞세워 전국 구석구석 가맹점을 확대시키고 동네의 커피 전문점, 제과점, 구멍가게 등을 몰아내고 있다. 일례로, 지난 4년간 전국의 동네 제과점은 35% 이상 감소했고 대기업 프랜차이즈 제과점은 51.6% 증가했다. 수익성 또한 큰 차이가 나는데, 예컨대 SPC 그룹이 1만 원의 수입을 거둘 때 동네 제과점은 3,200원의 수입을 거둔다고 한다. 소비자 역시 대기업 프랜차이즈 업주들로부터 피해를 겪고 있다. 예를 들어, 관련 대기업들은 2008년 이후 환율 인상으로 밀가루 등 원재료 가격이 상승하여 원가 부담이 생기자 출고가를 높게 유지하는 방법으로 원가 부담을 소비자에게 전가시켰지만, 이후 환율이 떨어진 후 원가 절감 요인이 발생해도 높은 출고가를 그대로 유지했다고 한다.

프랜차이즈 형태뿐만 아니라 대기업 직영 형태의 골목상권 침해 사례 역시 매우 심각하다. 참고로 프랜차이즈는 업주(프랜차이저)가 가맹점에 대해 일정 지역 내에서의 독점적 영업권을 부여하고 대신 가맹점으로부터 로열티를 받는 형태로 운영되는데 반해, 직영 형태로, 말 그대로 대기업이 직접 자신의 사원을 고용하여 점포를 운영하는 경우이다. 예를 들어, 스타벅스, 버거킹, KFC 등은 국내에서는 직영 형태로 운영되어 일반인은 해당 점포를 운영할 수 없고 그곳에서 일하는 사람들은 모두 한국 본사에서 파견된 직원들이다.

쇠사슬 같은 SSM

최근 들어 골목상권 침해의 예로 뉴스에 자주 오르내리는 기업형 슈퍼마켓(이하 SSM) 역시 대기업이 직영 형태로 운영하고 있다. 동네 슈퍼마켓들은 SSM이 생기면 강력한 브랜드 인지도로 인해 매출이 급감하여 얼마 가지 않아 사업 자체를 접을 수밖에 없다. 중소기업청에 따르면 2001년 11만 6백 85개였던 동네 슈퍼마켓은 2009년 7만 9천 2백 개로 급감했다. 정부가 상황의 심각성을 알고 대·중소기업 상생법, 유통법 등으로 대기업 직영의 SSM을 규제했지만 2011년 새롭게 문을 연 롯데슈퍼, GS 리테일, 홈플러스 익스프레스, 이마트 에브리데이 등 SSM 점포 수는 전년도의 272개보다 오히려 더 늘어난 280개였다. 전체 SSM 점포 수는 2012년 2월 기준 약 1천 100개이다. 참고로, 골목상권의 다른 축인 전통시장 역시 큰 타격을 입고 있다. 대기업 대형마트 확장으로 전통 시장의 매출은 지난 2006년 29조 8천억 원에서 2010년 24조 원으로 급감한데 반해 대형마트의 매출은 같은 기간 26조 4천억 원에서 33조 7천억 원으로 급증했다.

재벌 기업은 갖가지 편법을 동원하여 골목에서 자영업자들을 몰아내고 있다. 대표적인 예로 최근 SSM 점포 수를 전방위적으로 늘린 것으로 인해 불매운동의 대상이 된 롯데를 들 수 있다. 정부가 대기업 직영의 SSM을 규제하자 롯데는 프랜차이즈 점포를 늘리는 방식으로 점포 수를 확대시켰다. 즉, 점주가 51%의 지분을 가지고 롯데가 49%의 지분을 가지도록 하여 직영 형태를 프랜차이즈 점포 형태로 무늬만 바꾼 것이다. (뒤늦게 정부는 프랜차이즈형 SSM 가맹점도 직영점과 마찬가지로 규제하기로 했다.) 또한, 골목상권을 살리기 위해 정부가 대형마트와 SSM에 대해 월 2회 의무휴업을 하도록 했는데 다만 (농협 하나로마트를 염두에 두고) 농수산물 매출 비중이 51%를 넘으면 예외를 적용받을 수 있도록 했다. 이에 롯데는 농수산물 매출 비중을 인위적으로 51%까지 끌어올리는 조치를 취함으로써 전국적인 반발을 초래해 중·소상인 및 소비자들이 불매운동까지 벌인 것이다.

착취의 악순환

재벌 기업의 골목상권 침해가 급격히 증가한 데에는 법인세 인하와 출자총액제한 제도 폐지가 큰 역할을 했다. 기업의 투자 및 고용을 증대시키려는 목적으로 법인세를 인하하고 출자총액제한을 폐지했지만 실제로 재벌 기업이 신성장동력에 자금을 투자한 경우는 거의 없고 고용 증대도 미미했다. 오히려 재벌 기업은 이를 골목상권을 비집고 들어가 영세 자영업자의 밥벌이를 가로채는 목적으로 활용했다. 그 결과 다음의 [표8]에서 보듯이 10대 재벌 기업의 영위업종은 2001년 39개에서 2011년 말 56개로 10년 만에 17개, 43.5%가 늘었다. 한국표준산업분류상 중분류 76개 업종 가운데 73.4%에서 재벌 기업이 사업을 벌이고 있는 것이다. [표9]에서 보듯이 재벌의 계열회사 수도 같은 기간 303개에서 592개로 95.4%가 늘어났다. 과거에는 전혀 재벌 기업의 사업 영역이 아니었던 음식점 및 주점업종에도

2011년 말 기준으로 삼성(보나비), 롯데(블리스), GS(상락푸드), 두산(SRS 코리아) 등이 새롭게 진출했다.

[표8] 10대재벌 영위업종 증가 현황

영위업종	삼성	현대자동차	SK	LG	롯데	현대중공업	GS	한진	한화	두산	합계
2001년말	20	10	20	18	16	3	분할전	13	14	12	39
2011년말	26	21	30	23	25	15	29	16	25	16	56
증감	+6	+11	+10	+5	+9	+12	*	+3	+11	+4	+17

자료: 금융감독원, 2012년

[표9] 10대재벌 계열사수 증가 현황

영위업종	삼성	현대자동차	SK	LG	롯데	현대중공업	GS	한진	한화	두산	합계
2001년말	63	25	62	51	32	5	분할전	21	26	18	303
2011년말	81	56	94	63	79	24	73	45	53	24	592
증감	+18	+31	+32	+12	+47	+19	*	+24	+27	+6	+289

자료: 금융감독원, 2012년

재벌들의 골목상권 침해는 자영업자뿐만 아니라 국민경제 전체를 놓고 보더라도 바람직하지 못하다. 소비자의 입장에서 같은 물건이라도 싸게 살 수 있기 때문에 당장은 좋은 것 같지만 실상은 그렇지 않다. 예를 들어, 제조업체가 대형마트에 납품을 하기 위해서는 장려금(속칭 '백마진')을 주어야 한다. 또한 마트에 서서 물건을 홍보하는 아주머니들도 해당 제조업체에서 비용을 부담해야 한다. 결국 납품하는 제조업체는 원가를 올릴 수밖에 없고 이런 업체가 한두 곳이 아니기 때문에 전반적인 물가가 올라갈 수밖에 없다. 제조업체는 중소 유통에서 돈을 벌고 대형 유통업체에서는 현상 유지만 하고 있는 상황이며, 올라간 원가는 중소 유통업체에 납품할 때에도 그대로 반영되기 때문에 전반적인 물가가 올라갈 수밖에 없다. 최근 들어 물건을 싸게 파는 대형마트가 곳곳에 생겼지만 실제 국내 물가는 내려가지 않고 오히려 올라가고 있다. 환율 등의 외부적 영향도 있지만, 재벌 기업들의 골목상권 진출 역시 그 원인의 하나이다.

정리하자면, 한국의 비정상적으로 높은 자영업자 비중은 재벌 기업들의 중소기업 착취와 깊은 연관성이 있다. 구직자는 재벌 기업에 취직하기를 원하나 높은 경쟁률 때문에 쉽지 않다. 앞장에서 살폈듯이, 한국의 중소기업은 대기업의 착취로 인한 낮은 수익성 때문에 임금이 낮고 근무환경도 열악한 곳이 대부분이다. 이런 상황에서 점포를 차릴 만한 돈이 수중에 있거나 돈이 없어도 금융권에서 대출받을 수 있는 사람들이 너도나도 자영업에 뛰어들었다. 과거에는 자영업자끼리의 과당 경쟁으로 많은 자영업자가 영세해졌고 점포가 문을 닫는 경우도 많았다. 그런데 최근 들어 같은 자영업자와의 경쟁에 더해 프랜차이즈 업주의 횡포 및 재벌 기업들의 골목상권 진출로 자영업자의 영세화는 더욱 심화되었고 장사를 접고 폐업하는 경우 역시 급증하였다.

얼마나 더 일해야 하나?
긴 근로시간과 낮은 생산성

2004년 7월부터 적용되는 근로기준법에 따르면 원칙적으로 근로시간은 성인의 경우
1일 8시간, 1주 40시간, 15세 이상 18세 미만 근로자의 경우는 1일 7시간, 1주 40시간
을 초과하지 못하도록 되어 있다. 그러나 현실에서는 거의 누구도 법정 근로시간을 준
수하려고 애쓰지 않는다.

얼마나 더 일해야 하나?
긴 근로시간과 낮은 생산성

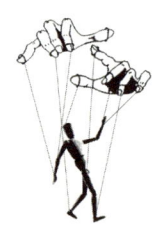

　한국 근로자들의 연간 평균 노동시간은 2010년 기준 2,193시간
으로 OECD 회원국 가운데 가장 길며, 이는 OECD 평균인 1,749시
간 보다 400시간 이상 많다. 한국은 OECD 가입 이래 OECD 가맹
국 중 가장 긴 노동시간으로 악명 높았으며, 그나마 최근 5년간 주5
일제 근무의 확산 등으로 급격히 감소하여 2위인 그리스와의 격차가
겨우 84시간에 불과한 것이다. 2008년만 보더라도 한국 근로자들의
연간 평균 노동시간은 2,357시간으로 2위인 그리스의 2,062시간 보
다 295시간이나 많았다.

　구체적으로 다음의 [그림1]을 보면 한국 근로자들의 노동시간은

2010년 기준 일본의 1,733시간보다 420시간 많으며 가장 낮은 네덜란드의 1,377시간보다 무려 816시간이 많다. 심지어 우리보다 근로환경이 열악할 것으로 생각되는 멕시코보다도 327시간이나 많다.

[그림1] OECD 회원국 연평균 근로시간 비교

자료: OECD, 2011년

울며 겨자 먹기 식의 연장근로

한국이 세계 최장의 근로시간을 기록하는 이유는 한국인이 다른 나라 사람들보다 유난히 일하기를 좋아해서가 아니라, 오랜 시간 일할 수밖에 없는 사회구조 때문이다. 무엇보다 현재 한국사회에서 볼 수 있는 대기업의 착취 및 이로 인한 중소기업의 낮은 이윤율과 중소기업 종업원의 낮은 임금이 지속되는 상황에서 근로시간을 획기적으로 줄이는 것은 거의 불가능하다. 예컨대, 중소기업에서 일하는

직원들의 경우 물가에 비해 너무나 낮은 임금으로 인해 야근 및 특근을 하지 않고서는 제대로 생계를 영위할 수 없다. 만약 정시 퇴근을 고집하다가 상사에게 밉보여 해고당하는 경우 대기업에 취업하는 것은 힘들고 다른 중소기업도 어차피 비슷한 상황이기 때문에 대안이 없다. 대기업 직원들의 경우 임금은 높지만 야근을 피할 수 없다. 치열한 경쟁으로 40대가 되면 회사를 그만두어야 하는 사람들이 부지기수인 상황에서 자칫 상사에게 밉보였다가는 얼마 안 가 직장을 관둬야 하기 때문이다. 대기업에서 나오면 이미 나이가 들어 다른 대기업에 재취업하는 것도 힘들고, 중소기업의 경우 상대적으로 너무나 낮은 임금과 열악한 근로조건 때문에 들어가기를 꺼릴 수밖에 없다. 자영업을 시작할 자금을 마련할 수 있더라도 자영업자 사이의 과당 경쟁 및 대기업의 자영업 영역 침해로 손해보지 않고 장사하기가 쉽지 않은 상황이다.

2004년 7월부터 적용되는 근로기준법에 따르면 원칙적으로 근로시간은 성인의 경우 1일 8시간, 1주 40시간, 15세 이상 18세 미만 근로자의 경우는 1일 7시간, 1주 40시간을 초과하지 못하도록 되어 있다. 그러나 현실에서는 거의 누구도 법정 근로시간을 준수하려고 애쓰지 않는다. 법정 근로시간을 초과로 근무하는 경우 야근 수당 및 특근 수당을 받는다면 괜찮은 회사에 다니는 셈이고 그렇지 못하더라도 쉽게 회사를 나올 수 없다. 법정 근로시간 미준수로 고발하는 경우도 별로 없지만 ─ 대부분은 야근 수당 또는 특근 수당을 회사에서 지급하지 않아 고발하는 경우이지 단지 회사에서 일을 오래 시켰다고 고발하지는 않는다 —그 경우 괘씸죄로 징계 해고 당하는 경우가 대부분이다. 우리나라 전체 임금 근로자 중 최소 45%를 상회하는 비정규직 근로자라면 더욱 야근이나 특근을 감내할 수밖에 없다. 정규직이 되기 위해서라면 무조건 회사에 충성하고 있다는 것을 보여줘야 하기 때문이다.

한국의 평균 근속연수가 짧은 것 또한 직원들이 퇴근 시간과 관련 상사의 눈치를 더욱 더 살필 수밖에 없는 상황으로 만들고 있다. 우리나라 근로자의 평균 근속연수는 5년에 불과하며, 전체 중 37.1%가 1년 미만이고, 10년 이상은 겨우 17.4%에 불과하다. 일본의 경우는 1년 미만의 근속연수가 전체의 7.3%이며 10년 이상은 44.5%나 되었다. 국회예산정책처의 자료에 따르면 다음의 [표10]에서 보듯이 2010년 기준 한국의 평균 근속연수는 유럽 선진국의 절반 수준에 불과하다. 참고로 우리나라 임금 근로자의 평균 정년은 57.4세이지만 실제 평균 퇴직연령은 53~54세에 불과하다. 앞에서 설명했듯이, 중소기업이든 대기업이든 회사를 나오더라도 마땅한 대안이 없는 상황이기 때문에 우리나라의 직장인들은 정해진 퇴근 시간이 지났다고 해서 자리를 박차고 나올 수 없다.

[표10] 2010년 기준 평균 근속연수 비교

(단위: 년)

이탈리아	프랑스	독일	네덜란드	스웨덴	스페인	한국
11.9	11.7	11.2	10.6	10.6	10.0	5.0

자료: 국회예산정책처, 2012년

누가누가 더 오래 일하나

업종별로 보면 일반 사무직 이외 영업직, 생산직 등의 경우가 근로시간이 보다 길고 일반 사무직이라도 IT 관련 업종은 유난히 긴 근로시간으로 악명 높다. 예를 들어, 웹디자이너의 경우 퇴근 시간이 9시 이후가 대부분이고 12시가 넘는 경우도 흔하다. 물론 컨설팅 회사의 직원들도 프로젝트에 따라 밤 12시가 넘어 퇴근하는 경우가 많지만 고액의 연봉을 받기 때문에 노동력 착취라고 보기는 어렵다. 웹디자이너는 밤낮을 가리지 않고 일하지만 신입 평균 연봉이 1,500만 원 정도에 불과하고 과장급도 3,000만 원이 채 안 된다. 재능 있는 웹디자이너들이 일본, 호주, 캐나다, 미국 등으로 유출되는 사례가 많은 것도 이러한 저임금 및 열악한 근로환경 때문이다.

성별로 볼 때 우리나라 근로자는 남녀 구별 없이 오랜 시간 일하는 것으로 나타났다. 다음의 [표11]에서 보듯이 2005년 기준으로 주 40시간 이상 일하는 여성 근로자의 비중이 우리나라가 다른

OECD 국가들과 비교해서 압도적으로 높다. 특히, 결혼 후에도 여전히 우리나라 여성 근로자는 오랜 시간 일하는데, 이는 남편이 대기업 정직원이 아닌 경우 즉 (우리나라 근로자의 대부분을 차지하는) 중소기업 직원이거나 비정규직인 경우의 임금이 물가 수준에 비해 너무나 낮기 때문에 어쩔 수 없이 생업전선에 뛰어들기 때문이다. 이러한 상황은 단지 수치 이상의 중요한 문제이다. 왜냐하면 부부가 맞벌이를 할 때 여타 선진국의 경우는 둘 중 한 사람이 단시간(part-time) 근무를 하는 경우가 많은데, 우리나라의 경우는 둘 다 전임(full-time)으로 일하는 경우가 많다는 것을 보여주며, 이로 인해 육아, 가사, 자녀 교육 등에서 심각한 문제를 야기할 수 있기 때문이다.

[표11] 2005년 기준 주 40시간 이상 여성 근로자 비중

(단위: %)

한국	미국	일본	이탈리아	스웨덴	OECD 평균
77	64	48	44	40	49

자료: OECD, 2006년

같은 맥락으로, 선진국의 경우는 임금을 많이 받기 때문에 부부가 맞벌이를 할 경우 직접 육아 등을 챙기지 못해도 돈으로 관련 서비스를 충분히 구매할 수 있지만, 우리나라의 경우는 맞벌이를 하더라도 물가 대비 임금이 관련 서비스를 구매할 만큼 충분하지 못하다. 부인의 친정어머니나 시어머니가 아이를 봐주는 풍속은 손자·

손녀를 사랑하는 할머니의 마음 못지않게 사회 구조적인 원인이 크다. 즉, 부부 모두 근로시간이 길고 좋은 육아 관련 서비스를 구매할 만큼의 충분한 임금을 받지 못하는 상황에서 자신들의 어머니가 힘들어 하는 줄 알면서도 어쩔 수 없이 아이를 맡겨야 하는 불가피한 선택이기도 하다.

오랫동안 일하면 생산성이 높아지나?

문제는 그렇게 남녀 불문하고 우리나라 근로자들이 오랜 시간 일하지만 그렇다고 생산성이 높은 것은 아니라는 것이다. OECD 보고서에 따르면 2011년 기준 한국의 노동시간당 GDP는 25.3 달러로 미국의 45.8%, OECD 평균의 60.5%에 불과하다. 구체적으로 다음의 [그림2]를 보면 우리나라 근로자의 노동 생산성을 100으로 보았을 때 일본은 152.1이며 미국은 두 배가 넘는 228.3이고 노동 생산성 1위인 룩셈부르크는 294.1로 거의 세 배에 이른다. OECD 평균은 173.1로 우리나라 노동 생산성의 1.5배 이상이다. 일만 오래할 뿐 생산성이 낮다면 이는 우리나라의 근로자들이 그만큼 쓸데없이 직장에 오래 남아 있다는 셈이다.

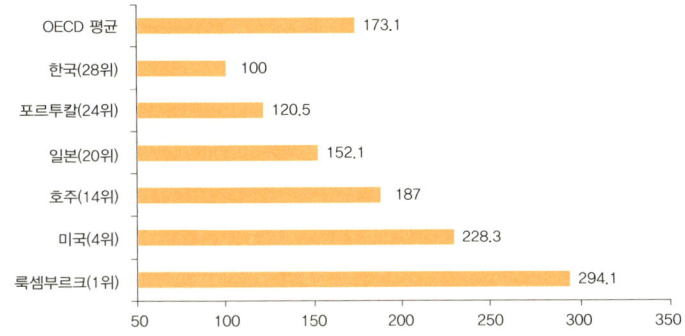

[그림2] OECD 회원국 노동생산성 비교

자료: OECD; 한국을 100으로 환산한 시간당 노동생산성

　　대한상공회의소에 따르면 우리나라의 노동 생산성 증가율은 1990년 이래 계속 둔화 추세를 보이고 있다. 노동이나 자본과 같은 투입요소 비중이 줄어드는 상황에서 높은 경제 성장을 이룩하려면 생산성 향상이 반드시 필요하다. 삼성경제연구소의 조사에 따르면 1996년부터 2003년까지 노동과 자본이 잠재성장률에 기여하는 정도는 각각 1.0%와 1.3%에 그쳤지만, 생산성이 기여하는 정도는 3.1%나 됐다. 과거 우리나라가 고도 성장을 할 때에는 자본과 노동의 투입이 곧 성장률과 직결되었지만 이제는 생산성의 향상 없이는 성장률을 높일 수 없게 된 것이다. 재계에서는 우리나라 근로자의 노동 생산성이 낮은 이유가 업무량에 비해 인건비가 높기 때문이라고 하지만, 이는 자신의 책임을 근로자에게 떠넘기는 것이다. 혁신을 통하지 않고서는 노동 생산성을 향상시키기 어려운 시대에 살고 있지만 재계는 여전히 이 점은 간과하고 인건비를 줄이는 것에만 골몰하고 있는 것이다.

낮은 생산성의 일차적 책임은 재벌

현재 상황에서 한국의 노동 생산성이 정체된 일차적 책임은 누구보다 재벌들에게 있다. 대기업이 과거와 같이 낮은 임금으로 노동 생산성을 높이던 시대는 이미 지나갔다. 1990년대 이후 하청을 확대하고 하청업체를 쥐어짜는 것으로 낮은 생산성을 보완했지만 이는 한계가 있다. 비정규직 노동자를 늘리는 것도 마찬가지이다. 한국노동연구원 조사에 의하면 이는 당장의 인건비 부담을 줄일 수는 있지만 노동 생산성은 오히려 줄어드는 것으로 나타났다. 그보다는 공정혁신을 통해 생산비를 줄이면서 원가를 낮추는 방안이 더 필요하며, 나아가 R&D 투자 확대를 바탕으로 한 제품혁신을 통해 외국 제품들과의 품질 경쟁에서 앞서나가야 한다.

특히 2000년대 이후 재벌들은 기존의 하청업체 착취에 더해 비정규직 확대, 법인세 인하 등으로 벌어들인 막대한 이윤을 생산성 향상을 위한 재원으로 투입하지 않고 금고에 쌓아두고 있다. 2012년 3월말 기준 10대 재벌 기업의 사내 유보금 총액은 183조 원에 달하며 이 중 현금자산만 해도 52조 1,461억 원이라고 한다. 나아가 한국 대기업은 외국 대기업과는 달리 전문 경영인이 아닌 세습 경영을 당연시하고 있다. 이는 혁신의 관점에서는 부정적인 면이 많다.

무엇보다 재벌들은 우리나라 사업체의 99%를 차지하는 중소기업의 혁신에 가장 큰 저해요소이다. 대기업은 하청업체의 생산라인을 완벽히 파악하고 있고 생산 비용 또한 낱낱이 알고 있다. 앞에서 보았듯이 하청계약을 맺을 때 관련 정보를 제공하는 것을 조건으로 하기 때문이다. 만약 하청업체가 공정혁신을 이루어 내어 10명이 일할 것을 7명이 일해도 되게끔 하였다면 대기업은 즉각 납품단가 인하를 요구한다. 대기업의 중소기업의 핵심기술 가로채기 또한 비일비재하게 발생하기 때문에 제품혁신으로 혁신적인 제품을 만들어낼 수 있는 여지도 크지 않는 상황이다. 그 결과 우리나라 중소기업의 R&D 투자는 수익성 개선에는 기여하지 못한다고 한다.

재계에서 낮은 생산성의 원인으로 비난하고 있는 한국의 근로자는 다른 누구보다 열심히 일하고 있다. 그것도 자신의 건강을 해치면서까지. 주지하다시피 40대 한국 남성의 사망률은 세계 최고이다. 미국보다 3배가 높고 일본보다도 2배가 높다. 평균적인 40대 남성 직장인의 경우 직장 내 책임이 가중되고 가족에 대한 부양 부담이 급격히 높아지는 시기이기 때문에 근로시간이 끝났다고 바로 퇴근하여 집에서 쉴 수 없다. 야근을 하거나 직장 상사나 동료에게 밉보이지 않기 위해 회식 자리가 있으면 빠져서는 안 된다. 술자리가 있어도 자정 이전에 끝나는 경우도 거의 없다. 가중된 스트레스와 과로, 잦은 술자리로 인해 수명까지 단축되는 상황이다. 대기업에 다닌다면 그나마 경제적인 여유가 있어 병원에서 종합검진도 정기적으로 받을 수 있겠지만, 그렇지 않다면 건강을 희생하면서까지 열심히 일해도 가족 부양조차 힘들고 정기적인 종합검진은 먼 나라

이야기이다. 이런 그들에게 받는 임금에 비해 일을 적게 한다고 비난하는 것은, 그것도 재벌들이 비난하는 것은, 적반하장이 아닐 수 없다.

외국인 근로자의 급증,
진정한 피해자는?

외국인 근로자의 급증으로 특히 저소득층 한국인 근로자의 임금 상승이 정체 또는
하락했다. 외국인들이 중국, 동남아시아, 서남아시아 등지에서 한국인 근로자보다 훨
씬 낮은 임금으로도 일을 하겠다고 몰려 오는데, 고용주는 비용 차원에서 외국인 근
로자를 선호할 수밖에 없다.

외국인 근로자의 급증,
진정한 피해자는?

지난 2012년 1월 11일 유난히 추웠던 밤, 중소기업 사장들이 전국 51개 고용센터 앞에서 노숙하는 진풍경이 벌어졌다. 다음날 오전 9시부터 선착순으로 발급하는 '외국인 근로자 고용허가서'를 받기 위한 것이었다. 2012년 상반기에 중소기업들이 채용할 수 있는 신규 외국인 근로자 할당량은 2만 5,000명이었으나 필요한 인력에 비하면 턱없이 모자라기 때문에 사장들이 노숙까지 불사한 것이다. 이에 대해 언론은 국내 구직자들이 3D(Difficult, Dirty, Dangerous) 업무를 기피하기 때문에 나타나는 현상이라고 평가하면서 중소기업 사장들이 이구동성으로 "한국인들은 다들 넥타이에 양복 입고 일하려고 하

지, 손에 기름때를 묻히려고 하지 않아 아무리 돈을 많이 준다고 채용공고를 내도 사람들 구할 수 없다"고 불평하는 인터뷰도 함께 실었다.

과연 한국인들은 허영으로 가득 차 높은 임금에도 불구하고 힘들고, 더럽고, 위험한 일들은 무작정 기피할까? 약 두 달 뒤에 벌어진 다음의 풍경을 보자. 2012년 3월 6일 충북 충주시는 환경미화원 6명을 뽑고자 공개모집을 했고 그 결과 143명이 지원해 24대 1의 경쟁률을 기록했다고 발표했다. 남자 환경미화원은 4명 모집에 119명이 지원해 30대 1의 경쟁률을, 여자 환경미화원은 2명 모집에 24명이 지원해 12대 1의 경쟁률을 보였다. 응시자들 가운데 대학교 이상의 고학력자도 부지기수였으며, 다른 지방자치단체의 환경미화원 모집에는 물리학 박사학위 소지자까지 지원했다고 한다. 가장 대표적인 3D 업종이라고 할 수 있는 환경미화원에 구직자들이 몰린 이유는 다름 아닌 안정적으로 받을 수 있는 높은 보수 때문이다. 환경미화원의 연봉은 수당까지 합하면 3천만 원 정도 되며, 계약직이지만 실질적으로 만 60세까지 근무할 수 있고 30년 근무를 하면 1억 5천만 원에서 2억 원 사이의 퇴직금까지 받을 수 있다. 즉, 단지 일이 힘들고, 더럽고, 위험하다고 해서 한국인들이 관련 직업을 기피하는 것이 아니라 힘든 만큼 적절한 대우를 받지 못하기 때문에 일을 하려하지 않는 것이다.

인력난의 탈출구가 외국인 근로자?

외국인 근로자가 한국에 처음 들어온 시기는 1990년대 초반이다. 이는 재벌 기업의 착취가 심화되면서 사업장 운영에 어려움을 겪게 된 중소기업 사장들의 연이은 자살로 한국 사회가 시끄러웠던 시기와 일치한다. 당시 재벌들은 1980년대 후반 이래 노조의 활성화로 자사 직원들의 임금이 인상되면서 더 이상 그룹 내 임금 착취가 불가능해지자 하도급 거래를 확대하면서 외부 중소기업에 대한 착취를 본격화했다. 중소기업의 이윤율은 급격히 낮아졌고 중소기업 사장들은 직원들의 임금조차 감당하기 힘든 상황에 빠졌다. 사장들의 입장에서 재벌 기업이 원하는 납품단가를 맞추려면 도저히 현재의 노동비용으로는 감당할 수 없었기 때문에 직원들의 임금을 낮추거나 내보낼 수밖에 없었다. 직원들의 입장에서는 물가상황을 고려하면 낮춰진 임금으로는 도저히 생계를 이어나갈 수 없었기 때문에 직장을 관두거나 목돈이 있으면 자영업을 시작해야 했다. 그 결과 중소기업 인력난이 급격히 심화되자 과거에는 외국인 근로자의 수입에 적극적이지 않던 정부가 태도를 바꿔 1991년 처음으로 외국인 근로자의 수입을 공식 허용했다.

즉, 재벌 기업의 중소기업 착취를 바로잡을 생각을 하지 않고 임시방편으로 중소기업의 인력난을 완화하고자 택한 것이 외국인 근로자의 수입인 것이다. 역으로 생각하면, 외국인 근로자가 급증하는 상황을 멈추고자 한다면 중소기업 직원들의 임금을 높여주어 그 임금을 받으면 물가상황을 고려해도 충분히 생계가 보장되게 하여야 한다. 이는 재벌 기업의 중소기업 착취가 시정되지 않으면 불가능하다. 오직 그럴 때에만 중소기업 사장들이 높아진 직원들의 임금을 감당할 수 있을 만큼 돈을 벌 수 있기 때문이다.

탈출구가 아닌 막다른 골목

1991년부터 시작된 외국인 근로자 수입은 인력관리에 문제가 생기자 잠시 중단되었지만, 1993년 정부가 '외국인 산업연수생 제도'를 도입하면서 다시 시작되었다. 이때부터 외국인근로자들이 급격히 몰려오기 시작했으나 얼마 가지 않아 불법체류자 양산, 외국인 근로자에 대한 인권침해 등의 사회문제가 발생했다. 산업연수생은 원칙적으로 근로자가 아니기 때문에 노동 관련법의 보호를 받지 못했고, 중소기업 사장들은 이를 악용하여 임금 체불, 폭행 등을 빈번히 행했다. 이를 견디지 못하거나 아니면 더 많이 임금을 주는 곳을 찾아 많은 외국인 산업연수생이 지정된 직장을 벗어나 다른 곳으로 불법취업을 했고 그 결과 불법체류자가 양산되었다. 이렇게 불법체류자가 되자 중소기업 사장들은 이들을 언제든지 경찰에 신고하여 국외로 추방할 수 있기 때문에 임금체불, 폭행 등이 더 빈번히 일어나게 되었다. 잘못된 제도로 인해 통제가 어려운 외국인 불법체류자가 급격히 늘어났으며 한국인 고용주의 인권침해는 외교문제로까지 비화되었다.

이에 정부는 2003년 '외국인근로자에 대한 고용 등에 관한 법률'을 제정하고 2004년 고용허가제를 도입했다. 그러나 여기에도 사업장 변경을 마음대로 할 수 없도록 하는 조항이 포함되었기 때문에 같은 이유로 임금 체불 및 불법 체류 외국인은 계속 증가했다. 예컨대 고용노동부의 자료에 따르면 외국인 근로자의 임금 체불액은 2007년 62억 8천만 원에서 2008년 170억 3천 700만 원, 2009년 236억 8천 500만 원으로 증가했고 임금을 받지 못한 외국인 근로자도 2007년 2천 249명에서 2008년 6천 849명, 2009년 9천 452명으로 늘었다. 불법체류 외국인도 급증하여 사회문제가 되자 정부는 집중 단속을 벌였고, 특히 2007년 11월 말 '인간사냥'이라고 불렸던 전면적인 단속을 통해 1만여 명의 불법체류 외국인을 연행했지만 이 와중에 자행되었던 폭력으로 국내외 노동인권 단체로부터 거센 항의를 받기도 했다.

왜 우리는 막다른 골목에 몰렸나?

특기할 사항은 불법체류자의 수가 단기간 이렇게 급증한 나라는 지구상에 한국밖에 없다는 것이다. 그리고 그 원인은 한국 특유의 사회구조에서 찾아야 한다. 대부분 선진국의 경우 외국인에게도 자국인과 똑같이 노동법에 의한 노동의 권리를 보장하기 때문에 착취가 거의 없고 또한 동일 업종이라면 임금을 거의 비슷하게 받도록 보장하기 때문에 굳이 불법체류자가 되는 것을 감내하면서 다니던 직장을 그만두고 몰래 다른 곳으로 갈 필요가 없다. (또한 같은 맥락으로, 외국인 근로자들에게 동일한 노동 권리 및 임금을 주어야 하기 때문에 기업주의 입장에서 굳이 외국인 근로자를 뽑아야 할 필요도 없고 따라서 외국인 근로자 자체의 수도 많지 않다.)

한국에서 외국인 근로자가 급증한 원인은 외국인 근로자에게 한국인 근로자와 동일한 노동 권리 및 임금을 주지 않아도 되는 것이 현실적으로 용인되기 때문이다. 즉, 외국인 근로자의 착취를 용인하고 있기 때문에 중소기업 사장들의 외국인 근로자에 대한 수요가 폭발적으로 늘었던 것이다. 대부분의 선진국들은 노동법에 의해 자국 근로자의 노동 권리뿐만 아니라 외국인 근로자의 권리 또한 보장하고 있으며, 후진국의 경우 관련 노동법은 미흡하지만 임금 수준이 너무 낮기 때문에 굳이 그곳으로 외국인들이 일하기 위해 몰려가지 않는다. 한국은 선진국이지만 외국인 근로자의 노동 권리가 무시되고 있고, 아이러니하게 또 그렇기 때문에 외국인 근로자의 수요가 비정상적으로 크고, 외국인 근로자의 수가 급격히 늘어났으며, 또한 불법체류자의 수 역시도 폭증한 것이다.

같은 이유로 일각에서는 불법체류자에 대한 강력한 단속이 문제의 해결책이라고 하지만 지금 상황에서 전면적인 단속은 중소기업 사장들이 반대하고 있어서 실현되기 힘들다. 실제 2007년 11월 말 정부가 대대적인 단속에 나서자 수많은 중소기업 사장들이 "외국인 근로자들을 잡아가 버리면 대체인력도 없는 상황에서 사업을 접을 수밖에 없다"고 관계 당국을 비난하고 나섰다. 재벌들 역시 동조하고 있다. 불법체류자가 너무나 많은 상황에서 이들을 다 잡아 본국으로 송환해 버린다면 당장 수많은 중소기업들이 제대로 운영되지 못하고 이들이 납품하는 대기업의 운영 또한 차질을 받을 수밖에 없기 때문이다. 참고로 2011년 말 현재 등록된 외국인 근로자는 약 60만 명에 이르며 무등록 외국인 근로자 즉 불법체류 중인 외국인 근로자는 최소 20만 명에서 최대 50만 명으로 추산하고 있다.

한국인 저임금 노동자가 가장 큰 피해자

현 시점에서 외국인 근로자의 급증 및 불법체류자의 문제가 매우 중요하며 시급히 해소되지 않으면 안 되는 이유는 단지 외국인 근로자의 노동 권리 보장 및 인권 보호를 위해서가 아니다. 그것보다 오히려 더 중요한 이유는 이로 인해 한국 사회가 파탄 나고 있기 때문이다.

먼저 외국인 근로자의 급증으로 내국인의 일자리가 급격히 줄어들었다. 특히 육체 노동을 필요로 하는 작업장의 경우 외국인 근로자가 한국인 근로자를 구축하는 현상이 발생하고 있다고 한다. 이들은 임금도 한국인 못지않게 받으며 상대적으로 많은 돈을 벌 수도 있다. 왜 그럴까? 바로 나이 때문이다. 예컨대, 한국인 건설 인부들은 대부분 4~50대이지만, 외국인 건설 인부들은 대부분 2~30대이다. 특별히 기술이 뛰어난 사람이 아니라면 당연히 후자가 더 일을 잘하기 때문에 고용주도 더 선호한다.

현 정부 들어 4대강 사업을 비롯하여 대규모 국책 건설 사업이 곳곳에서 벌어졌다. 과거 정권에서 대규모 국책 건설 사업이 벌어지면 즉각적으로 내수 부양 효과가 발생했다. 국책 사업에 투입된 근로자들이 받은 돈이 시장에 풀리면서 소비의 활성화가 이루어졌기 때문이다. 그런데 건설 현장에 근무하는 상당수가 외국인 근로자이다 보니 기대만큼의 효과가 나오지 않는다. 외국인 근로자들은 생활비를 제외한 받은 돈의 대부분을 본국으로 송금해버리기 때문이다.

여성 근로자의 경우도 유사한 현상이 벌어지고 있다. 예를 들어, 과거 4~50대의 여성들이 가장 쉽게 일을 구할 수 있는 직장 중 하나였던 음식점의 경우 조선족 여성들이 대부분을 차지하고 있다. 고용주의 입장에서는 경기가 안 좋아 장사가 잘 되지 않는 상황에서 보다 낮은 임금을 주고 일을 시킬 수 있는 조선족 여성들을 찾지 않을 수 없다. 가정이 있는 한국인 여성의 경우 이런저런 집안 사정으로 시간 조정도 빈번히 요구하다 보니 일을 시키기도 조선족 여성들이 더 편한 경우가 많다.

남성과 여성 모두 4~50대는 가장 돈이 많이 필요한 시기이다. 생활비, 자식들의 교육비, 집세 등등 돈이 나갈 곳은 많지만 직장을 구하기가 너무 힘든 상황이다. 동전의 양면과 같이 달리 말하면 이들은 소비의 주축이기 때문에 이들이 돈을 벌지 못하면 국내 경제 역시 활성화를 기대하기 어렵다. 그런데 현재는 이들의 일자리가 외국인 근로자들에 의해 집중적으로 구축되고 있는 상황이라 가정 경제와 국가 경제 모두 큰 손실을 입고 있다. 우리나라는 유럽 선진국처럼 복지 체계가 잘 갖추어져 일을 하지 않더라도 정부에서 생계를 유지할만한 자금을 지원해주지 않기 때문에, 국가의 도움 없이 모든 것을 스스로 해야 하는 입장에서 직장도 구하기 힘든 상황이라 생계를 꾸려가기가 지극히 어렵다. 특히 빈곤층이 느끼는 생계 유지에 대한 압박감은 상상을 초월하는 수준이다.

둘째, 외국인 근로자의 급증으로 특히 저소득층 한국인 근로자의 임금 상승이 정체 또는 하락했다. 외국인들이 중국, 동남아시아, 서남아시아 등지에서 한국인 근로자보다 훨씬 낮은 임금으로도 일을 하겠다고 몰려 오는데, 고용주는 비용 차원에서 외국인 근로자를 선호할 수밖에 없다. 실질적으로 국가가 외국인 노동자를 데려다가 내국인 노동자와 경쟁시켜 내국인 노동자 임금을 깎아 버린 셈이다. 국가에서 정해준 외국인 근로자 할당량에 더해 불법체류자까지 포함하면 전체 외국인 근로자의 규모는 상당하며 이는 특히 노조가 없는 직장에서 한국인 근로자를 포함한 전체 근로자의 임금 수준을 낮추는데 상당히 중요한 역할을 했다. 임금을 올려달라고 하는 직원들을 언제든지 외국인 근로자들로 쉽게 대체해 버렸기 때문이다. 실제 이러한 이유로 저소득층의 일용직 근로자와 계약직 근로자의 경우 물가상승률을 고려한 실질 임금이 10년 전과 비슷하거나 오히려 낮은 경우가 많다.

결국 많은 한국인 근로자가 과거와 비슷한 일을 해도 과거 보다 실질 임금이 낮아져 생활에 어려움을 겪고 있는 상황이다. 한편으로는 신자유주의적 노동 체제로 인해 정규직이 아니라는 이유로 돈을 적게 받고, 다른 한편으로 외국인 근로자들의 급증으로 임금 상승이 정체되어 버렸다. 대기업 정규직에 외국인 근로자들의 영향을 받지 않는 고부가가치 직종에 근무하는 사람들의 임금은 급격히 오르고 있고 이에 따라 물가도 오르고 있는 상황에서 여기에 속하지 않는 저소득층 한국인들의 생활은 급속도로 피폐해져 가고 있다.

외국인 범죄율의 증가

정부의 관리 부재로 인해 외국인 범죄율이 계속 증가하는 것도 커다란 사회문제가 되고 있다. 2011년 기준 국내 거주 외국인은 139만 5,077명이며, 이중 범죄자는 2만 6,915명으로 인구 대비 범죄자 비율은 1.9%를 기록했다. 내국인 범죄율인 3.7%보다 적은 수치이기는 하지만, 한국인의 경우 금전문제 고소·고발의 남발 및 교통사고 범죄 건수가 대다수인 점을 감안하면 이는 매우 높은 수치이다. 외국인 범죄의 경우 무엇보다 폭력, 강도, 강간, 살인 등 강력범죄율이 상당히 높다는 것이 우려할 점이다. 2007년과 2010년 사이 내국인 범죄율은 29.3% 감소했으나 외국인 범죄율은 131.4% 증가했고, 강력범죄는 2배 이상 증가했다. 외국인 범죄의 경우 신고율이 낮고 신고를 해도 잡지 못한 건수가 높기 때문에 이는 매우 높은 수치이다.

우리나라에서 유독 외국인 범죄율이 높은 것은 국가의 책임이 크다. 예컨대 외국인 근로자가 들어올 때 주먹구구식으로 제대로 된 검사 없이 입국을 허락하는 제도상의 문제가 있어서 외국에서 범죄를 저지른 사람들도 쉽게 한국에 들어올 수 있는 상황이다. 특히 문제가 되는 것이 불법체류자이며 그들 중 상당수가 입국할 때 지문날인을 하지 않아 거주지 파악도 잘 안 된다. 2004년 1월 강금실 당시 법무장관은 외국인의 인권을 침해한다는 이유로 입국 외국인들의 지문 날인을 전격 폐지했다. 사회 구조적 이유로 인해 불법체류자가 늘 수밖에 없는 국내 상황에서 지문 날인의 폐지는 일정 정도 외국인에 의한 범죄를 부추기는 꼴이 되었으며 범죄를 저질러도 추적이 거의 불가능하게 만들어 버렸다. 실제 2004년 9,100건이었던 외국인 범죄는 2011년 2만 6,915건으로 8년 만에 3배 정도 증가했다. 특히 살인사건 피의자는 2004년 60명에서 2011년 103명으로 늘어났으며, 강간 범죄는 2004년 50여 명에서 2011년 308명으로 6배 증가했다. 결국 법무부는 2011년 7월 지문 수집을 부활시켰다.

외국인 범죄의 증가는 특히 외국인 근로자가 많이 거주하는 안산, 인천, 수원 등지의 사회 불안을 조성하고 외국인 혐오증을 발생시키고 있다. 이러한 상황이 계속되면 외국인에 대한 한국인의 부정적 인식을 심화되어 심지어 유럽의 경우와 같이 외국인에 대한 테러까지 낳을 수 있다. 그럴 경우 해당 외국의 우리나라에 대한 혐오를 부추겨 한국인들에 대한 역테러까지 발생할 수 있다. 잘못된 국가의 정책으로 모두가 피해를 입을 수 있는 상황이다.

정리하자면, 대기업의 중소기업에 대한 불공정하며, 많은 경우 불법적인 착취에 대한 보상의 차원에서 정부는 값싼 외국인 근로자의 수입을 허용했고 이후 중소기업의 고용주가 외국인 근로자에 대하여 행하는 불법적인 착취를 강력히 제재하지 못하고 있으며 심지어 불법체류자의 단속마저 대대적으로 행할 수 없는 상황이다. 그 결과 한국인의 일자리가 급격히 줄어들고 있으며, 임금 상승 역시 정체되었고, 외국인 범죄율 역시 증가했다. 현재의 한국에서는 중소기업의 고용주들에게 외국인 근로자의 노동 권리를 보장해주고 임금을 충분히 지급하도록 강제하는 것이 불가능하다. 왜냐하면 그럴 경우 망하는 중소기업들이 급격히 늘어날 것이기 때문이다. 1990년대 초반처럼 중소기업 사장들이 연이어 자살하는 사태가 재발하지 않으리라는 보장이 없다. 따라서 유일한 해결 방안은 중소기업 사장들에게 책임을 떠맡기기에 앞서 재벌들의 중소기업에 대한 착취 구조를 개선하는 수밖에 없다.

사교육 열풍,
입시 스트레스 없는
사회는 과연 가능한가

사교육 열풍을 해소하기 위해서는 무엇보다 기존 시스템을 바꾸어 중소기업 근로자도
대기업 근로자와 비슷한 수준의 임금을 받을 수 있도록 하고, 비정규직 근로자 역시
정규직 근로자와 비슷한 수준의 임금을 받도록 해야 한다.

사교육 열풍,
입시 스트레스 없는 사회는 과연 가능한가

　전국이 사교육 열풍으로 몸살을 앓고 있다. 우리나라의 학원 수만 보더라도 1970년에는 1천 421개가 있었으나 38년이 지난 2008년에는 7만 213개로 무려 약 50배가 늘어났다. 정부가 발표한 2011년 기준 사교육비 총액은 20조 1,266에 달하지만 실제로는 이보다는 훨씬 많은 돈이 사교육 분야에 투여되고 있을 것으로 추산한다. 현대경제연구원 보고서에 따르면 2010년 사교육비 총액은 33조 4,968억 원에 달했다. 정부 발표 수치에 따르더라도 한국은 OECD 국가 중 가장 많은 액수의 사교육비를 지출하고 있으며 이는 전체 교육 재정의 31%에 해당한다.

사교육 열풍으로 인한 학부모들의 부담 또한 엄청나다. 가계 소비지출 중 사교육비가 차지하는 비중은 점점 증가하여 1985년에는 1.5%였으나 2003년에는 6.9%, 2009년에는 8.4%나 되었으며, 대략 15%에 달하는 학부모들이 사교육비 마련을 위해 부업을 하고 있다고 한다. 구체적으로, 다음의 [표12]에서 나타나듯이 서울시가 2012년 8월 천 명의 학부모들을 대상으로 조사한 한 달 평균 사교육비 지출에 관한 설문 결과에 따르면 한 달 평균 사교육비가 91만 원 이상인 가구가 36.6%나 되었다. '91만 원 이상'은 질문 항문 중 최고 액수이다.

[표 12] 서울 거주 학부모들의 한 달 평균 사교육비 지출 현황

(단위: %)

10만 원 이하	11~20 만 원	21~30 만 원	31~40 만 원	41~50 만 원	51~60 만 원	61~70 만 원	71~80 만 원	81~90 만 원	91만 원 이상
3.1	2.5	9.9	6.7	11.6	9.9	5.7	3.1	2.0	36.6

자료: 문화일보, 2012년 9월 25일

이러한 과도한 사교육 열풍을 잠재우기 위한 방법으로 각계 각층이 다양한 의견을 내놓고 있다. 예컨대, 몇몇 교육 전문가들은 대학의 서열화를 없애야 한다고 주장하고 있으며 또 어떤 전문가들은 고졸 출신 또는 지방대학 출신 구직자들을 더 우대하는 정책을 취해야 한다고 주장한다. 입시제도 자체를 바꿔야 한다는 주장 역시 주기적으로 강한 목소리를 내면서 실제 이로 인해 심심치 않게 입시제

도가 바뀌어 수험생의 혼란을 가중시킨 경험이 있다. EBS 교육방송 또는 방과후학교 등을 통해 사교육을 대처하자는 안(案)도 정부가 강하게 밀어붙였지만 효과가 기대에 못 미치고 있는 상황이기도 하다. 모두 좋은 방안이고 나름대로 설득력 있기는 하지만 이들은 사교육 열풍의 근본 원인과 해결 방법을 제시해 주지 못하고 있다.

임금 격차가 사교육 열풍의 근본 원인

사교육 열풍의 원인과 해소 방안은 사회 전체적인 틀에서 찾아야 한다. 그러한 측면에서 사교육 열풍을 야기한 가장 근본적인 원인은 바로 임금 격차이다. 좋은 대학을 들어가기 위해서 사교육을 받는 것은 단지 좋은 대학이라는 '타이틀'을 원해서가 아니라, 좋은 대학을 가야 충분한 임금을 받을 수 있는 좋은 직장에 들어갈 확률을 높일 수 있기 때문이다. 예컨대, 미국의 경우에도 대학의 서열화는 한국 못지 않지만 우리처럼 사교육이 심하지 않다. 왜냐하면, 굳이 일류대를 나오지 않아도 생활하기에 충분한 임금을 받을 수 있기 때문에 막대한 돈을 사교육에 쏟아 붓는 것이 부질없는 행동이기 때문이다.

주지하다시피 우리나라는 대기업 직원과 중소기업 직원 간의 임금 격차 그리고 대기업 내에서도 정규직 근로자와 비정규직 근로자 간의 임금 격차가 과도하게 심하다. 대기업 정직원으로 들어가면 야근 및 치열한 승진 경쟁 등으로 스트레스를 받기는 하지만 어느 정도 경제적인 여유를 누릴 수 있다. 그러나 중소기업에 들어가면 열악한 근무 환경에도 불구하고 매우 낮은 수준의 임금을 받고 있다. 2011년 기준으로 300인 이하 중소기업에 근무하는 4년제 대학 졸업 남성 직장인의 평균 연봉은 20대가 2,099만 원이었고, 30대가 3,020만 원에 불과했다. 같은 기간 동안 30대 그룹 소속 193개 상장사의 부장급 이하 직원의 평균 연봉이 6,394만 원이었다는 것을 감안하면 중소기업 직원들은 대기업 직원들의 절반 이하의 임금을 받고 일하는 셈이다. 참고로 대기업은 전체 사업체 중 1%에 불과하며 거의 대부분인 99%가 중소기업이다.

정규직-비정규직 사이의 격차 또한 상당히 심하다. 한국비정규노동센터가 2011년 3월 기준으로 통계청 등의 자료를 분석하여 내놓은 바에 따르면, 비정규직 규모는 828만 명으로 전체 임금노동자 중 48.5%에 이른다. 평균적으로 비정규직 근로자는 정규직 임금의 47.8%만을 받고 일하며, 이를 액수로 환산하면 비정규직의 평균 임금은 130만 원에 불과하다. 최저임금위원회가 발표한 2011년 1인 가구 노동자 월 생계비는 141만 원이기 때문에 130만 원을 받는다면 정상적인 경제 생활이 불가능하다는 것을 뜻한다. 덧붙여 비정규직은 사회보장 혜택도 제대로 받지 못한다. 예를 들어, 국민연금의 경우 직장가입 비율이 정규직은 97.6%에 이르지만 비정규직은 32%에 불과하며, 건강보험 가입 비율 역시 정규직은 98.8%, 비정규직은 36.7%에 불과하다.

한국교육개발원이 분석한 대학입학 성적과 임금과의 관계를 보면, 미국에서든 한국에서든 대학입학 성적이 높은 대학 출신일수록 임금을 많이 받는다. 그렇지만 증가세가 다르다. 미국의 경우 출신대학의 성적이 낮은 곳에서 높은 곳으로 갈수록 임금이 점차로 증가하다가 중위권을 넘어서면 임금 상승 효과가 줄어들지만, 한국의 경우 임금 상승 효과가 상위권 대학에 집중되어 있다. 이러한 임금 격차 때문에 학부모들이 무리한 액수의 사교육비를 부담해서라도 아이들을 상위권 대학에 보내려고 기를 쓰고 있는 것이다.

OECD 최고의 학력별 임금 격차

한국의 학력별 임금 격차는 OECD 회원국 중 가장 큰 것으로 악명 높다. 2012년 OECD 교육지표에 따르면, 한국의 고졸 임금을 100으로 봤을 때 전문대학 임금은 115이며, 대졸 임금은 160이라고 한다. 전문대학 임금과 대졸 임금이 이렇게 큰 차이를 보이는 나라는 한국밖에 없다. 여기에 더해 같은 대졸자라도 일류대를 나오느냐 그렇지 않느냐의 차이 역시 상당히 크다. 한국교육개발원의 장수명 연구위원은 한국에서는 서울대, KAIST, 포항공대, 연세대, 고려대 등 소위 말하는 일류대의 임금 프리미엄이 무려 45%이며, 그 외 대학에서는 대학 서열에 따른 임금 프리미엄이 거의 없다고 분석하고 있다. 미국에서도 임금 프리미엄이 있지만, 이는 단지 일류대 출신뿐 아니라 중위권 대학 출신에게도 고르게 일어난다고 한다. 한국의 학부모들이 아이들을 일류대에 보내려고 하는 것은 이러한 현실적인 보상이 있기 때문이다.

우리나라만큼 직업의 귀천을 따지는 곳도 많지 않다. 정부와 언론에서는 이러한 인식을 고쳐보려고 부단히 노력하지만 공염불로 그치고 있다. 직업별 소득 차이가 너무나 큰 상황에서 이미지만 바꾸려고 하기 때문이다. 특히 육체노동의 경우 상황은 더욱 심각하다. 예를 들어, 미국 정부에서 규정하는 시간당 적정 임금을 원으로 환산하면 목수가 48,000원이며, 배관공이 55,000원, 그리고 철근공이 44,000원이다. 이러한 적정 임금을 받지 못하면 주정부 노동국에 신고하여 고용주를 처벌할 수 있다. 철근공을 기준으로 40대의 평균 1년 수입은 약 5,800만 원에 달하는데 이 정도면 중산층에 해당하고 충분히 가족들을 부양할 수 있다. 한국의 경우 목수, 배관공, 철근공 등의 일을 하면서 중산층에 포함되기는 거의 불가능하다. 더군다나 최근의 건설 작업장은 중국 조선족, 중국 한인, 몽골인, 베트남인 등의 2~30대 외국인 근로자가 대다수를 차지하고 있다고 한다. 한국인들은 낮은 임금을 버티지 못하고 나가버리고, 만약 임금을 올려달라고 하면 고용주가 즉각적으로 해고하고 노임이 싼 대체자들을 구해버린다. 외국인 근로자를 데려다가 내국인 근로자와 경쟁을 시키고 내국인 근로자의 임금을 깎거나 해고해 버리는 상황이지만 정부는 이를 무작정 방치하고 있다. 이러한 현실을 몸으로 체험하고 있는 어른들이 자녀들의 안정적이고 풍요로운 삶을 위해 사교육에 몰입하는 것은 어쩌면 당연하기까지 하다.

사교육, 이대로 괜찮은가?

사교육 열풍은 단지 학부모에게 높은 경제적 부담을 지우는 것뿐만이 아니라 여러 가지 부작용을 낳고 있다. 영국의 더타임스는 2010년 1월 27일 한국의 사교육 열풍 및 공교육의 파행을 소개하면서 이러한 상황을 비판했다. 특히 한국 고등학교에서 매일 밤 사교육에 시달리느라 막상 수업시간에 학생들이 책상에 엎드려 잠을 자도 완전히 허용되는 현실을 비판했다. 2011년 10월 6일 미국의 월스트리트저널(WSJ)은 한국의 사교육 열풍을 취재하면서 중·고등학교에 다니는 학생들의 피곤한 일상 및 공교육의 파행을 비판했다. 한국인들이 당연하게 여기는 현재의 상황이 이방인의 눈에는 매우 비정상적으로 보이는 것이다.

공교육의 파행보다 더 심각한 문제는 지나친 사교육은 아이들의 정신 건강에 안 좋은 영향을 미칠 수 있다는 것이다. 2011년 한림대 성심병원 소아청소년정신과의 연구에 따르면 사교육 시간이 많은 아동에서 우울증이 나타날 확률이 매우 높은 것으로 나타났다. 구체적으로 하루 4시간 이하의 사교육을 받는 아동의 경우 10% 정도가 우울증상을 보였으나 4시간을 초과하는 아동의 경우 3배 이상인 30% 이상이 우울증상을 보였다. 전문가에 따르면 어린 시절 우울증은 만성적인 경과를 보이고 어른이 된 후에도 재발되는 경우가 많다고 한다. 또한 공격성, 문제행동, 과행동성 등의 증상도 사교육 시간과 상관관계를 보였다. 과다한 사교육이 아이의 현재와 미래의 정신 건강을 심각하게 해치고 있는 것이다.

출구는 없나?

정리하면 한국의 사교육 열풍은 임금 격차가 근본 원인이며, 이를 해소하지 않고 과도한 사교육 문제를 바로잡아 보려는 어떠한 시도도 수박 겉핥기에 불과하다. 앞에서 설명했듯이 우리나라에서는 재벌 대기업의 중소기업 착취로 인해 중소기업 근로자 임금이 대기업 근로자 임금의 절반 수준에 불과하다. 또한, 기업의 경쟁력을 강화시킨다는 명목으로 추진한 노동시장 유연화로 인해 전체 근로자의 절반 정도가 비정규직으로 근무하며, 그들의 임금은 정규직의 절반 정도밖에 되지 않는다. 이러한 현실에서 대기업 정규직 근로자가 아니라면 부지런히 일을 해도 생계 걱정 없이 살아가기 힘들다. 대기업 정규직에 들어가기 위해 좋은 대학을 졸업하는 것이 절대적으로 유리한 상황에서 학부모들이 과도한 지출을 해가며 사교육에 아이들을 몰아넣고 있는 것은 불가피한 선택일 수 있다.

역으로, 사교육 열풍을 해소하기 위해서는 무엇보다 기존 시스템을 바꾸어 중소기업 근로자도 대기업 근로자와 비슷한 수준의 임금을 받을 수 있도록 하고, 비정규직 근로자 역시 정규직 근로자와 비슷한 수준의 임금을 받도록 해야 한다. 굳이 일류대를 나오지 않아도 경제적으로 여유 있는 삶을 살 수 있다면 우리 사회가 학벌에 이렇게 목매지도 않을 것이다. 그렇게 된다면, 부모들은 사교육 때문에 겪는 경제적 부담을 덜어낼 수 있고, 아이들도 정규 수업 시간이 끝나면 집에서 가족과 함께 보내거나 친구들과 즐거운 시간을 가질 수 있을 것이다. 무엇보다 가족 모두 공부 스트레스에서 벗어나 지금보다 한결 행복해질 수 있다.

도저히 따를 수 없어라,
물가는 언제나 최고치

닐슨컴퍼니(The Nielsen Company)가 지난 2008년 11월 서울 및 4대 광역시(부산, 광주, 대구, 대전)에 거주하는 19세 이상 성인 남녀 1,000명을 대상으로 '현재 가장 고민하는 경제 문제가 무엇인가'를 조사한 결과에서도 '높은 물가로 인한 생활비'가 77.2%를 기록해 1위를 차지했다.

도저히 따를 수 없어라,
물가는 언제나 최고치

하루하루를 힘들게 살아가고 있는 보통 서민의 경우 높은 물가가 가장 큰 경제적 고민이다. 닐슨컴퍼니(The Nielsen Company)가 지난 2008년 11월 서울 및 4대 광역시(부산, 광주, 대구, 대전)에 거주하는 19세 이상 성인 남녀 1,000명을 대상으로 '현재 가장 고민하는 경제문제가 무엇인가'를 조사한 결과에서도 '높은 물가로 인한 생활비'가 77.2%를 기록해 1위를 차지했다. 특히 소득 수준이 낮다고 생각되는 사람들 사이에서는 '높은 물가로 인한 생활비'가 92.1%를 기록, 압도적인 1위로 조사되었다.

체감물가뿐만 아니라 공식물가지수 역시 높은 수치를 기록하고 있다. 2000년에서 2010년까지의 통계를 보면 한국의 평균 물가 상승률은 3.1%를 기록하여 G7 선진국의 평균 물가 상승률인 1.9% 및 한국을 제외한 아시아 신흥국들의 평균 물가 상승률인 0.9% 보다 훨씬 높게 나타났다. 특히 다음의 [표13]에서 보듯이 우리나라와 같이 자원의 대부분을 외국에서 수입하는 이웃 나라 일본이 같은 기간 동안 -0.3% 물가 상승률을 기록한 것을 감안하며 우리나라의 물가 상승률은 상당히 높은 수준이다. 더군다나, 이명박 정부가 들어서면서 물가 상승은 더욱 가파르게 진행되어 2008년 3월부터 2012년 7월까지 전체 소비자 물가지수는 무려 13.6%나 올랐다.

[표13] 한국과 일본의 2000년-2010년 물가 상승률 비교

	2000	2001	2002	2003	2004	2005	2006	2007	2008	2009	2010	평균
한국	2.3	4.1	2.8	3.5	3.6	2.8	2.2	2.5	4.7	2.8	2.9	3.1
일본	-0.7	-0.8	-0.9	-0.2	0.0	-0.3	0.2	0.1	1.4	-1.4	-0.7	-0.3

자료: OECD, 2011년

이유 있는 물가 상승

한국의 높은 물가가 단지 높은 물가 상승률 그 이상으로 심각한 이유는 앞 절에서 설명한 바와 같이 대기업 정규직을 제외한 대부분의 근로자 임금 상승이 정체된 상황에서 물가만 지속적으로 오르고

있기 때문이다. 이명박 정부 들어 이러한 추세는 더욱 심각해져 일반 가구의 소득 자체가 꾸준히 감소하고 있다. 통계청의 '가구당 월평균 가계수지'를 보면, 2008년 1분기 가계 평균 소득은 342만 9,714원이었으나 2012년 1분기의 가계 평균 소득은 332만 2,785원에 불과했다.

세부적으로 볼 때는 서민들에게 특히 큰 영향을 미치는 식품물가의 수준이 다른 국가들에 비해 유난히 높은 것 또한 우려하는 부분이다. 다음의 [표14]는 한국소비자원이 2009년 G7국가(미국, 영국, 프랑스, 독일, 이탈리아, 캐나다, 일본)의 구매력지수(PPP)를 기준으로 한국을 100으로 놓고 볼 때의 각국의 상대물가를 표로 만든 것이다. 대부분의 식품 물가가 높은 수준이지만 특히 소고기, 돼지고기 등 육류 가격이 매우 높다는 것을 확인 할 수 있다.

[표14] 2009년 G7 국가의 식료품 가격지수 비교

(단위: p)

국가	소고기	돼지고기	닭고기	오렌지	바나나	맥주	커피	스낵
미국	14	22	49	69	29	44	68	54
영국	28	43	90	52	25	67	61	68
프랑스	23	29	110	55	39	34	80	63
독일	10	35	56	46	47	54	68	64
이탈리아	15	23	58	53	57	44	–	86
캐나다	12	29	81	49	41	72	51	75
일본	123	55	39	131	89	66	57	70
G7 평균	32	34	69	65	47	54	64	69
한국	100	100	100	100	100	100	100	100

자료: 한국소비자원, 2010년; 커피, 스낵, 맥주는 2007년 가격임

또한, 가계가 지불하는 높은 수준의 교육비 역시 큰 부담을 지우고 있다. 앞 절에서 살펴본 바와 같이 한국의 사교육 열풍은 임금 격차가 근본 원인이다. 한편으로는 재벌의 중소기업 착취로 인해 전체 사업체의 99%를 차지하는 중소기업 근로자의 임금이 대기업 근로자의 절반 수준에 불과하며, 다른 한편으로는 기업의 경쟁력 강화라는 명목으로 추진되는 노동 유연화로 인해 전체 근로자의 절반 정도가 비정규직으로 근무하고 그들의 임금은 정규직의 절반 수준이다. 둘 모두 재벌 기업의 경쟁력 강화를 위한 사회적 비용이라 할 수 있으며, 이는 직접적으로 임금 격차라는 결과를 불러일으켰고 간접적으로는 사교육 열풍을 낳았다. 상대적으로 월급을 많이 받을 수 있는 대기업 정규직에 들어가기 위해서는 좋은 대학에 가는 것이 훨씬 유리하고 그러기 위해 학부모들은 과도한 지출을 해가면서 아이들이 사교육을 받도록 하고 있다.

그런데 특기할 점은 한국의 학부모들은 사교육뿐만 아니라 아이들의 공교육을 위해서도 다른 나라 학부모들보다 훨씬 많은 돈을 지출해야 한다는 것이다. 우리나라 국민의 공교육비 부담을 G7 선진국들과 비교한 다음의 [표15]를 보면 전체 공교육기관에 대한 지출 중 특히 민간부문 지출이 다른 국가들에 비해 현저히 높다. 구체적으로, 민간부문 지출은 GDP 대비 2.8%로 이웃나라 일본의 1.6%보다 높으며, 유럽 선진국들에 비해서는 거의 5배 정도로 압도적으로 높다. 반면, 정부 지출은 상당히 낮은 편이다. 즉, 여타 선진국들의 경우 국가가 나서 국민들의 공교육비 부담을 덜어주고 있으나 우리나라는 그러지 못하고 있다.

[표15] 2010년 G7 국가 및 한국의 정부-민간 공교육비 부담 비율

(단위: GDP 대비 %)

국가	정부	민간	전체
미국	5.0	2.6	7.6
영국	5.2	0.6	5.8
프랑스	5.5	0.4	6.0
독일	4.0	0.7	4.7
이탈리아	4.1	0.4	4.5
캐나다	4.6	1.5	6.1
일본	3.3	1.6	4.9
G7 평균	4.5	1.1	4.6
한국	4.2	2.8	7.0

자료: OECD, 2010년

재벌 급성장의 사회적 비용인 고물가

우리나라 국민이 떠안고 있는 높은 수준의 물가 부담의 원인으로 여러 가지를 들 수 있지만 가장 근본적인 원인으로 정부의 수출 위주의 고성장 정책 및 재벌 기업의 횡포를 들 수 있다. 전자인 수출 위주의 고성장 정책이 거의 재벌 기업만을 살찌운 정책이라는 점을 감안하면, 결국 재벌 급성장의 사회적 비용으로 한국 물가 수준이

높다고 말할 수 있다.

구체적으로 먼저 수출 위주 고성장 정책의 가장 대표적인 사례가 정부의 고환율 정책이다. 과거 정부에서도 수출 촉진을 위해 환율을 관리했지만 특히 이명박 정부는 과도한 환율 개입을 시도했다. '환율 주권론'을 주장한 강만수 장관은 수출 촉진을 위해 고환율 정책을 취할 것이라는 것을 공개적으로 밝히면서 이명박 정부 출범 당시 940원대였던 원-달러 환율을 2009년 3월 1,575원까지 끌어 올렸다. 이 과정에서 정부의 공식 지출만 하더라도 최소 10조 원 이상의 돈이 쏟아 부어졌고, 외국계 투자은행들은 외환투자를 통해 수 십조에 달하는 막대한 돈을 벌어갔다.

환율인상으로 제품의 가격 경쟁력이 높아지자 수출 대기업들은 엄청난 수익을 거둘 수 있었다. 그러나 환율인상으로 수입되는 제품들의 가격이 높아지자 물가가 출렁였다. 즉, 고환율 정책이 수입 물가 상승을 초래하고 이는 물가 상승으로 이어져 가계에서 수출 기업으로 소득이 이전하는 효과가 발생한 것이다. 또한, 유가와 국제 원자재 가격 상승으로 소비자는 물론이거니와 직접 수출로 돈을 벌지 못하는 중소기업들 역시 큰 피해를 입었다. 앞에서 설명했듯이 수출 기업에 납품하는 하청업체들은 높은 원자재 가격에 시달리면서도 오히려 납품 단가 인하를 요구 받는 상황이었기 때문에 상황은 더욱 열악해졌다.

둘째, 정부의 저금리 정책을 들 수 있다. 높은 물가를 잡기 위해

고금리 정책을 취해야 하는 것이 맞지만 정부는 높은 경제 성장을 위해 금리 수준을 낮게 유지하고 있다. 돈의 가격이라고 할 수 있는 이자율, 즉 금리가 높으면 시중의 자금이 은행으로 몰린다. 은행에서 높은 이자를 받을 수 있기 때문이다. 반대로 금리가 낮으면 은행에 묶여 있던 돈이 시중으로 나와 투자가 활성화하게 되며, 이로 인해 경제 성장이 가속화될 수 있지만 돈이 시중에 너무 많이 풀려 물가의 급격한 상승 즉 인플레이션을 초래할 우려가 있다. 즉, 저금리 정책은 기업의 투자를 활성화하지만 서민의 물가 불안을 가중시키는 '양날의 검'과 같다.

정부는 물가 불안을 감내하고서라도 고용 증대를 포함한 기업의 투자를 활성화하고자 했으나 실제 기업의 투자 및 고용 증대는 기대치보다 훨씬 밑돌았다. 특히 재벌들의 경우 최근 몇 년간 정부의 정책에 힘입어 엄청난 부를 쌓았지만 투자 및 고용 증대에 힘쓰지 않고 있다. 구체적으로, 2008년~2011년간 재벌의 실질자산 증가율은 12.65%로 2001~2007년의 5.61% 보다 2.2배 높았지만 투자 및 고용 증가는 정부의 기대에 못 미쳤다. 예를 들어, 2009년 10대 재벌의 실적을 보면 전년대비 매출은 4.0%, 당기 순이익은 52.6% 올랐지만 종업원 수는 오히려 2.7% 감소했다.

셋째, 일반 서민들이 기업가들의 공공요금 부담을 상당 부분 떠안고 있다. 우리나라에서는 전기요금, 수도요금 등의 산업용 공공요금이 가정용 공공요금 보다 훨씬 낮으므로 기업이 부담해야 할 요금을 일반 국민이 부담하고 있다. 예컨대, 산업용 전기의 단가는 주택용 단가의 70% 수준에 불과하다. 또한, 주택용 요금에는 누진세가 적용되지만, 산업용 요금에는 누진세가 적용되지 않는다. 그리고 주택용 요금은 추가로 10%의 부가가치세를 내야 하지만 사업자들은 부가가치세를 환급받을 수 있다. 우리나라의 산업용 전기요금은 일본의 37% 수준에 불과하고 다른 선진국에 비해서도 크게 낮은 수준이라고 한다. 2011년의 국정감사 자료에 따르면, 2008년부터 2010년까지 한국전력은 삼성전자에 3,922억 원, 현대제철에 2,623억 원 등 상위 10대 재벌 기업에 1조 4,847억 원의 손해를 보면서 전기 공급을 해준 것으로 드러났다. 낮은 가격으로 기업들에게 공급되는 전기요금만큼 일반 국민들이 추가로 요금 부담을 떠안고 있는 상황이며 이는 그대로 물가 상승으로 이어지고 있다.

재벌들의 사리사욕

위의 내용들이 정부 정책으로 인해 일반 국민들의 물가 부담이 높아진 사례들이라면 다음은 재벌들이 직·간접으로 관여하여 물가 부담을 높이고 있는 사례들이다. 먼저, 1절에서 설명한 높은 부동산 가격을 들 수 있다. 한국의 땅값은 국내총생산의 7배로 세계에서 가장 높으며, 전체 땅값을 보면 남한 면적의 100배가 넘는 캐나다의 두 배가 넘는 땅을 사고도 남는다. 2001년부터 2006년까지 집값 상승으로 발생한 시세 차액이 약 648조 원이라고 한다. 돈이 없는 사람들은 이러한 부동산 거래로 인한 이윤을 전혀 누릴 수 없고, 오히려 살 집을 마련하기 더욱 힘들어져 가계 부담만 늘어날 뿐이다.

한국 기업들은 생산활동 못지않게 토지 등 부동산 매입을 통해 자산을 늘려왔고, 그 결과 50만 평 이상을 소유한 대토지 소유자 중 법인 소유자가 전체의 2/3 이상을 차지하고 있다. 재벌들은 정부의 지원 자금과 스스로 축적한 자본을 과다하게 부동산 매입에 사용함으로써 토지에 대한 가수요를 유발시켜 지가를 급상승시켰다. 구체적으로, 우리나라의 부동산 투기는 1970년대 후반과 1980년대 후반 특히 심하게 일어났는데 여기에 재벌들이 주도적인 역할을 했다. 정부가 수출 활성화를 위해 제공한 여러 가지 금융 혜택을 이용하여 땅투기를 대대적으로 벌였고, 수출로 높은 이윤을 벌어들이게 되면 그 돈을 투자가 아닌 투기에 쏟아 부었다. 최근까지도 이러한 모습은 지속되고 있다. 예컨대, 10대 재벌의 공시지가 기준 토지 보유액은 2008년 54조 원에서 2010년 61조 원으로 급증했다. 이명박 정부에서 재벌들은 정부의 수출 위주 고성장 정책, 중소기업에 대한 착취, 고용 유연화 등으로 벌어들인 이윤의 상당 부분을 부동산 매입에 사용한 것이다.

둘째, 재벌들의 독과점으로 인해 관련 제품들의 가격이 높게 형성되는 것 역시 물가 상승에 기여했다. 즉, 독과점 시장에서의 경쟁 제한 행위로 인해 제품 가격이 상승하는 것이다. 이전 시기에도 독과점 폐해가 컸지만, 특히 1990년대 후반의 경제 위기를 거치면서 많은 중소업체들이 도산하고 재벌들은 '빅딜'을 함으로써 시장의 독과점이 보다 심화되었다. 예를 들어, 현재 한국의 전자제품 시장은 삼성전자와 LG전자가 장악하고 있으며, 자동차 시장은 기아자동차를 인수한 현대차그룹이 국내시장을 거의 독점하고 있다.

한국개발연구원이 2012년 6월 발표한 '독과점 구조의 심화와 경쟁정책 방향' 보고서에 의하면 2003년부터 2008년까지 독과점 소비재산업의 가격 상승률은 24.8%로 같은 기간 16.8%를 기록한 소비자 물가상승률을 크게 초과하는 것으로 나타났다. 또한, 국내 산업의 평균적인 독과점 정도가 심화되고 있는 상황이라고 우려하면서 상위 3개사의 시장 점유율이 2002년 47%에서 2009년 55%로 높아졌음을 그 증거로 제시했다. 덧붙여 보고서는 2000년대 이후 정유, 설탕, 커피, 항공 등의 산업을 중심으로 담합 행위가 지속적으로 발생하고 있다고 지적했다. 그 결과 예를 들어 수입물가 상승률의 경우 대만은 10%대 초반인데 반해 한국은 무려 44% 증가했다. 이는 정부의 고환율정책에 더해 관련 기업들의 독과점 및 담합 행위의 결과라 하겠다.

식품 물가의 경우 독과점으로 인한 소비자들의 피해는 특히 심각하다. 앞의 [표14]에서 보이는 바와 같은 한국의 높은 식품 물가의 상당 부분의 책임이 바로 여기에 있다. 조선일보가 2012년 10월 대표적인 독과점 식품기업 12곳을 대상으로 조사한 바에 따르면, 2003년부터 2012년까지 10년간 시장 독점제품의 인상률은 평균 53%에 달했다. 해당 업체들은 원가 인상으로 인해 더 많이 올릴 수밖에 없었다고 하지만, 금융감독원에 따르면 2011년 이들 12개 기업의 평균 영업이익률은 8%로 같은 기간 제조업 평균 영업이익률인 5.4%보다 2.6% 높은 수치였다. 식품업계의 경우 굳이 담합할 필요도 없이 업계 1위인 업체가 원가를 올리면 2~3위 업체도 뒤이어 올리는 것이 관례이기 때문에, 이들 독과점 업체들이 식품 물가를 주도적으로 올리고 있는 상황이다.

경제 성장의 열매는 누구에게 돌아가는가?

지금까지 물가 상승을 야기한 정부 정책 및 대기업의 행동을 살펴보았는데, 물가 관련 문제에 있어서 간과하지 말아야 할 사항은 우리나라 근로자 임금이 대부분 물가 상승과 연동하여 함께 오르는 것이 아니라 정체되거나 오히려 떨어지고 있는 현재의 상황이다. 대기업들은 완제품을 시장에 비싸게 팔면서도 하청업체 납품가는 올려주지 않거나 오히려 인하하기 때문에 물가가 상승의 이익은 거의 대기업만 얻고 있다. 예컨대, 정부의 고성장 정책으로 2010년 경제성장률은 6.1%를 기록하였지만 같은 기간 소득 증가율은 5.8%에 그쳤다. 경제가 성장하는 만큼 소득이 늘어나는 것이 당연하지만 한국에서는 그러지 못하고 있는 것이다.

그렇다면 경제 성장의 열매는 누구에게 돌아가고 있는가? 재벌들이다. 언론보도에 의하면 100대 기업이 2012년 6월까지 쌓아둔 현금 자산이 무려 66조 2,542억 원에 달한다고 한다. 이는 2010년 말의 55조 4,807억 원보다 10조 7,735억 원이나 증가한 것이다. 특히, 1년 반의 기간 동안 삼성전자의 현금성 자산은 9조 7,914억 원에서 15조 5,219억 원으로 증가했다. 그런데 수치로 집계된 것보다 훨씬 많은 돈이 재벌의 수중에 있다고 여기는 사람도 적지 않다. 2012년 7월 영국의 '더 옵서버'에 따르면 전 세계 최상위 부자들이 세금을 피할 목적으로 해외에 은닉한 자산이 최소 21조 달러에 이르며, 국가별 순위에서 한국이 7,790억 달러 즉, 888조 원을 기록하여 중국과 러시아에 이어 3위를 차지했다. 해외에 은닉된 한국인의 자산 중 상당 부분이 재벌의 감춰진 재산일 것이라고 의심하는 것이다.

재벌들은 그렇게 많은 돈을 벌고서도 투자나 일자리 창출에는 인색하다. 예컨대, 취업자 증가율을 경제성장률로 나눈 고용탄성치는 1998년~2008년 사이 0.311을 기록했으나 2009년~2012년 사이에는 0.290을 기록하면서 오히려 감소했다. 재벌이 보다 많은 부를 쌓고 있는 동안 우리나라의 중산층은 계속 감소하고 있고 많은 국민들이 저임금에 허덕이고 있다. 예컨대, 통계청 조사에 따르면 한국의 중산층 비중은 2000년 71.7%에서 2010년 67.5%로 줄어들었으며, 전체 근로자 중 저임금 근로자의 비중도 25.6%로 OECD 국가들 중 가장 높은 상황이다. 즉, 물가를 높이면서도 고성장을 이루겠다는 정부 정책의 주요 수혜자는 재벌들이며 대다수의 국민들의 삶은 악화일로에 있는 상황이다.

아이는 언제쯤?
급격한 출산율 저하

우리나라의 출산율이 낮은 이유는 무엇보다 교육비를 포함한 높은 양육비 부담, 근로자들의 열악한 근무환경, 높은 물가 등을 들 수 있다. 그리고 한국 여성들이 2000년대 초반부터 세계 최저 수준의 출산율을 기록하게 된 원인은 무엇보다 아이를 낳고 기르는데 있어서의 경제적 부담이 그 이전 시기보다 훨씬 커졌기 때문이다.

아이는 언제쯤?
급격한 출산율 저하

　　한국은 지난 10년간 세계 최저 수준의 출산율을 유지해 왔다. 서구에서 자본주의가 진전됨에 따라 수 세기에 걸쳐 진행된 낮은 출산율이 우리나라에서는 겨우 수십 년 만에 그것도 세계 최저 수준으로 압축적으로 진행되고 있는 것이다. 이웃나라 일본과 비교해 보아도 일본의 출산율이 2.1에서 1.33으로 떨어지는 데 30년이 걸린 반면, 우리나라는 17년밖에 걸리지 않았다. 이러한 출산율 저하 추세는 세계에서 유래가 없는 것으로 최근 들어 중요한 사회문제의 하나로 급격히 부각되고 있다.

가족계획에서 출산장려로

다음의 [그림3]은 2009년 기준 세계에서 가장 출산율이 낮은 10개의 국가들을 비교한 것이다. 한국은 1.15명을 기록하여 1.37명의 일본과 1.32명의 포르투갈을 여유 있게 제치고 가장 낮은 수치를 보이고 있다. 참고로 1.15명이란 여성 한 명당 평생 1.15명의 아이를 낳는다는 것을 뜻한다.

[그림3] 2009년 가장 출산율이 낮은 국가 TOP 10

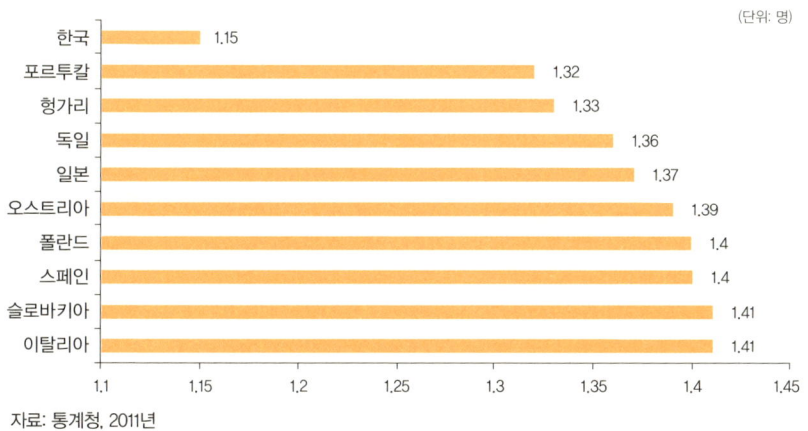

자료: 통계청, 2011년

1980년대 초만 해도 "딸 아들 구별 말고 둘만 낳아 잘 기르자" "하나씩만 낳아도 삼천리는 초만원" 등의 표어를 쉽사리 볼 수 있었으나 지금은 반대로 정부와 민간 모두 출산율 회복을 위해 출산장려 정책을 포함한 여러 가지 방안을 시도하고 있다. 구체적으로 우리나라의 출산율 추이를 보면 1950년에는 5.4명이었다가 한국전쟁 후인 1955년에는 정부의 적극적인 출산장려 정책에 힘입어 6.33명으로 늘었다. 1960년대 이후 출산율은 범국민적인 가족계획의 실시로 하향 추세로 접어들었고 그 결과 1970년에는 4.28명, 1980년에는 2.23명을 기록했으며, 1983년 처음으로 현 인구 유지에 필요한 대체출산율인 2.1명 이하로 떨어졌다. 그러다가 경제위기의 여파로 전국민이 허리띠를 졸라매던 1998년 출산율 하락이 가속화되어 마침내 1.50명 이하가 되었으며, 2002년 이래 세계 최저 수준인 1.20명 안팎의 수치를 기록하고 있다. 1983년 이후의 출산율을 그래프로 나타내보면 다음의 [그림4]와 같다.

[그림4] 1983년~2010년 한국의 출산율 추이

자료: 통계청, 2012년

인구학자들은 이러한 상황이 계속된다면 한국의 인구는 2025년

에는 4천만 명, 2050년에는 3천만 명 수준으로 감소할 것으로 내다보고 있다. 우리 사회의 생산능력을 일정 수준으로 유지하기에는 턱없이 부족한 수준이 되는 것이다. 미래 사회에서는 인구가 곧 국력이기 때문에 이러한 급격한 인구감소는 국가의 미래 나아가 존속 그 자체를 위협하는 하나의 재앙이라 할 수 있다.

많은 사람들이 출산율 저하의 주원인을 여성들의 만혼 경향, 개인주의 가치관의 만연, 피임과 낙태 허용 등으로 돌리면서, 이를 여성문제의 하나로 치부하는 경향이 있다. 그러나 한국의 비정상적으로 낮은 출산율은 이미 단지 하나의 여성 문제가 아닌 한국 특유의 사회구조에서 그 이유를 찾아야 한다. 한국 여성이 다른 나라 여성과는 달리 아이를 좋아하지 않거나 출산의 고통을 더 두려워하거나 또는 결혼보다 연애 자체를 더 좋아한다고 가정하지 않는다면 말이다.

자녀 양육비, 1명당 평균 2억 8천만 원

출산율 저하를 야기한 한국 사회의 특징을 찾자면 무엇보다 교육비를 포함한 높은 양육비 부담, 열악한 근무환경, 높은 물가 등을 들 수 있다. 그리고 한국 사회의 이러한 특징들을 야기한 보다 근본적인 요인은 재벌 위주의 사회구조에서 찾아야 한다.

먼저 높은 양육비를 보자. 한국보건사회연구원의 조사에 따르면 우리나라에서 자녀를 대학까지 졸업시키려면 1명당 평균 2억 8천만 원 정도의 양육비가 든다고 한다. 만약 자녀가 두 명이라면 2배, 즉 5억 원을 훌쩍 넘는 양육비가 소요된다. 이러한 엄청난 양육비는 세계 최고 수준으로 한국의 부모들에게 무엇보다 가장 큰 부담이 아닐 수 없다. 양육비를 육아비와 교육비로 나누어 먼저 육아비에 관해 설명하자면, 서구 선진국에 비해 한국은 영유아 자녀 양육지원, 출산 휴가 등의 출산 및 육아를 위한 복지시스템이 상당히 미흡하기 때문에 거의 전적으로 가정에서 모든 비용을 떠맡아야 한다. 더군다나 부족한 보육시설로 인해 돈이 있다고 해도 아이를 맡길 마땅한 곳을 찾기가 너무 어려운 상황이기도 하다.

아이들의 교육비는 육아비보다 훨씬 큰 부담이다. 우리나라의 사교육비 지출은 2002년 기준 GDP 대비 2.9%로 OECD 국가들 가운데 가장 높을 뿐 아니라 수치상으로도 OECD 국가의 평균인 0.7%보다 무려 4배 이상 높다. 아이들은 초등학교 입학 전부터 사교육 시장에 내몰리는데, 조기교육 열풍이 불어 닥치기 시작한 2002년의 교육인적자원부 조사에 따르면 만 3세는 75%, 만 4세는 78%, 만 5세는 88%, 그리고 만 6세는 89%가 사교육을 받고 있다. 특히 한 가지만 받는 아이는 28.8%에 불과하며, 두 가지를 받는 경우가 30.0%, 세 가지를 받는 경우가 20.6%, 네 가지를 받는 경우가 11.9%에 달했다. 조사에서는 심지어 열두 가지를 받는 아이도 있었다고 한다. 특히 조사에 따르면 조기교육의 내용이 과거와는 달리 피아노, 미술 등의 예능계 위주 특기교육이 아니라 지능계발이나 초등학교 대비 한글, 영어, 수학 등 학과목 공부 위주였다고 한다. 대학입시에 대한 대비를 초등학교 입학 전부터 시키는 것이다.

아이가 커감에 따라 사교육비 지출도 점점 늘어나 시장조사전문 기관 엠브레인트렌드모니터의 2012년 조사에 따르면 미취학 자녀는 10만 원 이하가 33.8%, 10~30만 원이 49%를 차지했으나 초등학생은 10~30만 원이 38.8%, 30~50만 원이 35.4%를 차지했다. 2012년 8월 서울시 설문조사에 따라 전 영역의 학부모 사교육비 지출 현황을 살펴보면 앞의 [표12]에 나온 대로 한 달 평균 사교육비를 50만 원 이상 소비하는 학부모의 수가 절반 이상이며 91만 원 이상인 가구도 36.6%나 되었다. 설문 조사에서 특기할 점은 조사 대상 학부모의 절반 이상이 다른 가정에 비해 자신의 교육비 지출액이 적다고 생각한다는 것이다. 또한, 내 자녀뿐만 아니라 다른 자녀들도 모두 사교육을 받지 않았으면 좋겠다고 생각하는 학부모 역시 절반 이상이었다. 아이들에 대한 교육이 하나의 경쟁이 되고 있는 현실을 보여주고 있다.

사교육비 부담뿐만 아니라 공교육비 부담 역시 무시 못할 수준이다. 앞의 [표15]에 나온 바와 같이 예컨대 일본의 경우 공교육비의 민간부문 지출은 GDP 대비 1.6%에 불과하고 유럽 국가들의 경우 평균 0.5% 정도이지만 한국의 경우 2.8%나 된다. 국가가 져야 할 공교육비 부담의 상당 부분을 한국에서는 일반 가정이 지고 있는 상황이다.

우리나라 가정의 높은 양육비, 특히 세계 최고 수준의 교육비는 현재를 살아가고 있는 한국의 부모들이 어쩔 수 없이 감내해야 할 부담으로, 이는 앞에서 설명한 바와 같이 재벌의 중소기업 착취 및 기업 경쟁력 강화라는 명목으로 진행된 비정규직 차별이 야기한 임금 격차가 근본 원인이다. 대기업 정규직 근로자가 아니라면 즉, 중소기업 근로자나 비정규직 근로자라면 지금의 한국에서 여유 있게 생활하기란 경제적으로 너무 힘들다. 대기업 정규직으로 들어가기 위해서는 좋은 대학에 들어가는 것이 절대적으로 유리하고 이를 위해 한국의 학부모들은 자녀들을 심지어 초등학교 입학 전부터도 사교육을 받도록 밖으로 내몰고 있다.

'보육'을 할 수 없는 부모

열악한 근무환경 역시 중요한 원인이다. 대부분의 한국 근로자들은 물가에 비해 낮은 임금을 받으면서도 열악한 근무환경에 노출되어 있다. 특히 여성 근로자들의 경우 출산이나 육아 관련 휴가를 충분히 내주지도 않을뿐더러 임신한 경우 퇴직을 종용하는 경우도 흔하다. 여성 근로자들도 그것을 알고 있기 때문에 아기를 적게 가지거나 아니면 나중에 갖기를 원한다. 아기를 나중에 가지게 되면 당연히 적게 가질 수밖에 없는데, 왜냐하면 노산(老産)의 경우 아이나 산모 모두 위험해질 수 있기 때문이다. 여성 비정규직 근로자의 경우 이러한 경향은 더욱 심하다. 2006년의 한국여성정책연구원 조사에 따르면 비정규직 여성의 산전후 휴가 사용 비율은 37.4%로 정규직 63.4%의 절반 정도에 불과하다. 출산 후 직장 복귀도 정규직은 40.4%를 기록했지만 비정규직은 겨우 14.2%에 그쳤다.

또한, 남녀 공히 노동 유연화라는 명목으로 비정규직과 실직자가 양산되는 상황에서 야근, 특근 등의 요구를 무시하기 어려운 입장이다. 노조가 없는 직장이라면 이는 더욱 어렵다―2011년 노조 조직률은 10.1%에 불과했다. 특히 우리나라 여성 근로자는 다른 OECD 국가와 비교하여 주 40시간 이상 근무하는 비율이 압도적으로 높은데, 왜냐하면, 남편이 대기업 정규직에 다니지 않는 대부분의 가정에서 여성들의 단시간 근무로 벌어들이는 소득으로는 가계를 제대로 꾸려나가기 힘들기 때문이다. 이러한 상황 즉, 둘 모두 주 40시간 이상 일하는 상황에서 아이를 봐줄 이가 마땅치 않기 때문에 아이를 낳기 꺼려질 수밖에 없다.

만약 아이를 시댁이나 친정에 맡길 수 있다면 상황은 좀 낫지만 그렇지 못하다면 적어도 아이가 서너 살 정도가 될 때까지는 아이를 맡길 곳도 마땅치 않다. 한 달에 100만 원 정도 이상을 주며 보모를 구해야 하는데 비용도 만만치 않을뿐더러 아무래도 남이다 보니 마음도 놓이지 않는다. 더군다나 퇴근 시간이 일정하다면 몰라도 그렇지 않을 경우 즉 야근을 자주 해야 하는 경우에는 보모조차 구하기 힘들다.

물론 여성들의 취업률과 출산율은 반비례 관계가 아니다. 실제 1990년대 이후 프랑스, 스웨덴 등의 서유럽의 여성 경제활동 참가율이 높아졌지만 출산율도 함께 높아졌다. 이들 나라들은 국가에서 양육비의 거의 전부를 제공해 주기 때문이다. 유럽이라 해도 [그림3]에서 보듯이 포르투갈, 스페인, 이탈리아 등의 남유럽 국가들은 여성 취업률이 높지만 국가가 제공하는 아동보육 서비스가 미약하기 때문에 출산율이 낮다. 우리나라는 남유럽 국가들 보다 국가가 제공하는 아동보육 서비스가 더욱 미약하고 물가에 비해 너무나 낮은 임금 때문에 이들 남유럽 국가들보다 훨씬 낮은 출산율을 보이고 있는 상황이다.

치솟는 물가, 떨어지는 출산율

높은 물가 역시 출산율 저하를 부추기고 있다. 물가 중 특히 집값과 유아 용품 가격이 다른 국가에 비해 높게 형성되어 있는 것이 출산율 저하와 관련 있다. 앞에서 설명했다시피 우리나라의 높은 부동산 가격은 투기의 산물이고 여기에는 재벌들이 상당한 역할을 했다. 즉, 재벌들은 정부의 지원과 스스로 벌어들인 돈을 부동산 투기에 쏟아 부어 스스로 상당한 차액을 챙김과 동시에 토지에 대한 가수요를 유발하여 지가를 급상승시켰다. 그 결과 신혼부부가 살림을 차릴 만한 집을 구입하거나 전셋집을 구하려고 해도 웬만큼 벌어 놓지 않고서는 엄두도 못 내고 있는 상황이다. 적어도 직장에서 3~4년 꾸준히 돈을 모아야 집을 마련할 수 있기 때문에 자연스럽게 결혼 연령이 늦춰졌다. 그리고 여성들의 결혼 연령이 늦춰지면서 노산의 위험성 때문에라도 아이를 적게 가질 수밖에 없는 상황이 되었다.

또한 재벌 기업들의 독과점으로 인해 유아 용품 가격이 다른 나라에 비해 비싸다는 것도 지적해야 한다. 일례로 2011년 3월 일본 대지진과 쓰나미에 이어 후쿠시마 원자력발전소 사고가 터지자 갑자기 일본산 유아용품을 판매하는 인터넷쇼핑몰과 대형마트에서 사재기 현상이 발생했다. 특히 일제 기저귀가 단시간에 동이 났다. 일제 기저귀의 경우 한국 기저귀에 비해 얇고 가벼우며 아기 피부에도 좋지만 가격은 환율을 감안하고서도 별 차이가 나지 않는다고 한다. (노무현 정부 당시 환율이 900원대였을 때는 오히려 일본 기저귀가 관세 및 운송비를 더하고도 한국 제품들 보다 쌌다.)

유아복의 경우도 마찬가지이다. 한국 부모들이 좀 비싸더라도 아이에게 좋은 것만을 사주고 싶은 마음을 악용하여 기업들의 장삿

속을 채우고 있는 것이다. 결국 우리나라 유아복의 가격이 품질대비 미국이나 유럽보다 비싸서 많은 부모가 오히려 해외 제품을 선호하기도 한다. 이와 관련 하나의 예를 소개하자면, 최근까지 한국의 많은 엄마들이 품질 좋고 가격도 저렴한 짐보리(Gymboree) 제품을 좋아해 구매대행을 통하거나 아니면 본인이 직접 인터넷을 통해 구입했다. 그런데, 2011년 가을 롯데백화점이 짐보리를 입점시키면서 해외 직거래를 중단시켰다. 그러면서 롯데백화점은 엄청난 마진을 붙여 동일 제품을 팔고 있다. 예컨대, 인기 제품인 Penguin Top의 인터넷 구매 가격은 24.95달러이고 할인이 자주 되어 7.12달러로도 살 수 있지만, 롯데백화점에서는 4만 5천 원에 판매하면서 한국에서는 이 제품을 롯데백화점에서가 아니라면 구매할 수 없도록 만들었다.

정리하자면, 우리나라의 출산율이 낮은 이유는 무엇보다 교육비를 포함한 높은 양육비 부담, 근로자들의 열악한 근무환경, 높은 물가 등을 들 수 있다. 그리고 한국 여성들이 2000년대 초반부터 세계 최저 수준의 출산율을 기록하게 된 원인은 무엇보다 아이를 낳고 기르는데 있어서의 경제적 부담이 그 이전 시기보다 훨씬 커졌기 때문이다. 즉, 경제위기 이후 신자유주의적 구조조정을 거치면서 재벌 기업의 하청업체 착취는 더욱 심해지고, 기업의 경쟁력 강화라는 명목으로 비정규직 근로자가 급격히 증대하면서 높은 양육비 부담, 높은 물가 등을 감당하기 더욱 어려워졌고 근무환경 역시 더욱 열악해졌기 때문이다. 출산율의 급격한 저하는 이러한 사회 변화의 하나의 지표로서, 2000년대 초반 이후 재벌은 급성장했지만 보통의 한국인들은 그만큼 살아가기 힘들어졌다는 것을 의미한다. 아이를 적게 가지거나 아니면 아이 가지는 것을 뒤로 미뤄야 할 만큼.

사회적 타살,
세계 최고의 자살률

외환 위기 전인 1990년대 중반과 비교해서 2000년대 들어 특히 20대 후반부터의 자살률이 크게 증가했다. 이에 대해 전문가들은 외환 위기 이후의 경기 침체로 인한 미취업 및 구조조정 과정에서의 해고가 자살률의 급증을 야기한 가장 큰 직간접적인 원인으로 보고 있다.

사회적 타살,
세계 최고의 자살률

우리나라의 자살률은 OECD 국가 중 8년째 1위를 기록하고 있다. 출산율의 경우 세계 최저 수준을 기록하고 있지만 다른 나라들과의 격차는 자살률에 비하면 오히려 양호한 편이다. 다음의 [그림5]에서와 같이 한국은 2010년 기준 인구 10만 명당 23.3명이 자살하는 헝가리 및 21.2명이 자살하는 일본을 큰 차이로 제치고 33.5명이 자살함으로써 압도적으로 세계 최고의 자살률을 기록했다. 이는 OECD 회원국의 평균 자살률인 12.9명의 두 배를 훨씬 뛰어 넘는 수치이며, 하루 평균 42.6명이 자살한 셈이다.

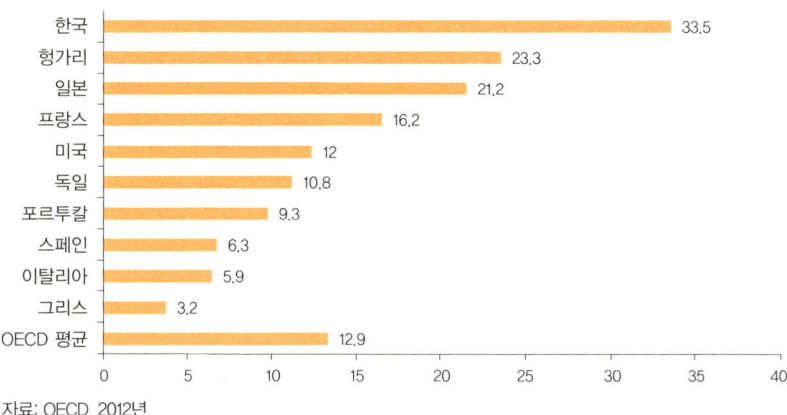

[그림5] 2010년 OECD 각국 인구 10만 명당 자살률 비교

(단위: 명)

국가	자살률
한국	33.5
헝가리	23.3
일본	21.2
프랑스	16.2
미국	12
독일	10.8
포르투칼	9.3
스페인	6.3
이탈리아	5.9
그리스	3.2
OECD 평균	12.9

자료: OECD, 2012년

자살이 끊이지 않는 나라

특히 중요한 점은 OECD 회원국의 평균 자살률은 감소하고 있으나 유독 우리나라는 급격히 상승하고 있다는 사실이다. [그림6]의 1983년부터 2010년까지의 자살률 추이를 보면, 1990년대 초반까지는 특별한 증가세를 보이고 있지 않다가 1990년대 중반 경제가 어려워지면서 상승하기 시작했고 1998년 경제 위기의 여파로 자살하는 사람들이 급격히 많아졌다. 이후 2001년까지는 다시 감소하기 시작했으나 2002년을 기점으로 폭발적으로 증가하기 시작했다. 이는 출산율이 2002년을 기점으로 급격히 감소한 것과 시기적으로 일치한다. 그 결과 2001년까지만 해도 인구 10만 명당 14.4명이 자살하여

일본 보다 적은 수치를 기록했으나 10년도 채 지나지 않은 2010년에 는 자살률이 일본의 1.5배를 넘어서게 되었다.

[그림6] 1983년~2010년 한국의 자살률 추이

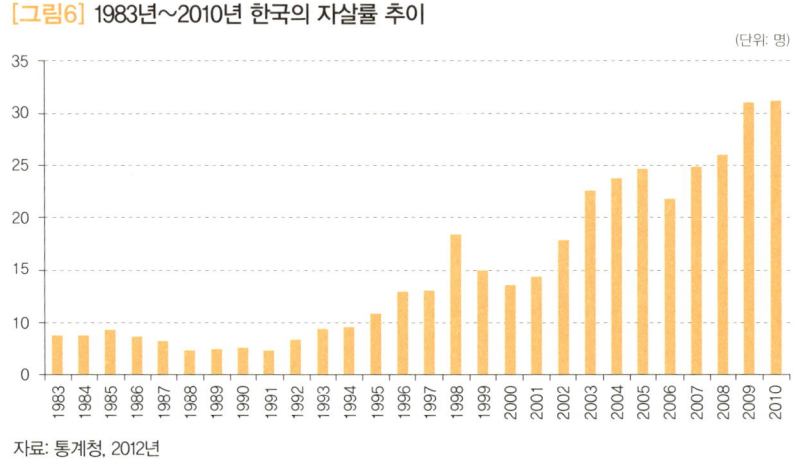

(단위: 명)

자료: 통계청, 2012년

재벌이 떼돈을 벌기 시작하면서 자살자가 급증하다

2002년 무렵 무슨 일이 있었던 걸까? 이 시기는 한국의 신자유주 의적 구조조정이 상당히 진전된 시점으로 노동의 유연화라는 명목 으로 비정규직 근로자가 급격히 확대되어 갔으며, 또한 과거부터 있 었던 대기업의 하청업체 착취가 보다 심해진 때이다. 그리고 무엇보 다 정부의 재벌 통제가 실질적으로 중단된 시점이기도 하다.

2001년 초까지는 외환위기를 초래한 장본인인 재벌 기업이 강력하게 추진되었던 재벌개혁에 대해 감히 비판의 목소리를 내기조차 힘들었지만 2001년 4~5월에 이르면서 상황이 변하기 시작했다. 재계 및 재경부 내 친기업주의자들이 기업통제의 완화를 주장하였고 심지어 보수적인 언론들에서는 재벌개혁 조치들을 좌파 정책이라고 하면서 원색적인 비난까지 서슴지 않았다. 거기에 더해 2001년 9.11 테러가 발생했다. 미국의 경기가 급속히 위축되었고, 곧 세계적 경제불황이 야기 되었다. 경제성장에 빨간불이 켜지자 정부는 재벌들의 적극적인 도움을 필요로 했고, 이에 재벌개혁을 실질적으로 중단하는 대신 보다 많은 투자 및 고용을 요구하게 된 것이다.

결국 2001년 후반기부터의 재벌은 정부의 통제를 거의 받지 않은 채 노동 유연화 등 친기업적 신자유주의적 정책의 결실만 향유하게 되었다. 그리고 하청업체 착취라는 시장경제의 질서에 어긋나는 행동도 행정부, 입법부, 그리고 사법부로부터 거의 어떠한 제재도 받지 않은 채 심화되었다. 재벌은 국가와 노동, 모두를 압도하는 가장 강력한 힘을 보유하게 된 것이다.

그 결과 2002년 무렵부터 통제 받지 않은 재벌의 강력해진 힘 앞에서 서민들의 삶은 피폐해져만 갔고, 낮은 출산율과 높은 자살률은 이러한 상황의 심각성을 단적으로 보여주는 지표가 되었다. 자살, 즉 스스로의 삶을 포기한다는 것은 그만큼 그들의 삶이 더 이상 버티지 못할 만큼 힘들다는 것을 의미하기 때문에 낮은 출산율보다 더 심각한 문제라고 할 수 있다.

연령대별 자살 이유

서민들의 삶이 얼마나 힘들어졌는지는 다음의 1995년과 2005년 연령별 인구 10만 명당 자살률 추이를 비교한 [그림7]을 보면 적나라하게 드러난다. 외환위기 전인 1995년과 재벌의 힘이 강력해 진 2005년의 10년 사이 자살률은 평균 10.8명에서 24.7명으로 두 배 이상 증가했다. 자살률은 거의 전 연령층에서 증가했고 심한 경우 5배까지 폭증한 경우도 있다.

[그림7] 1995년과 2005년 연령별 인구 10만 명당 자살률 추이 비교

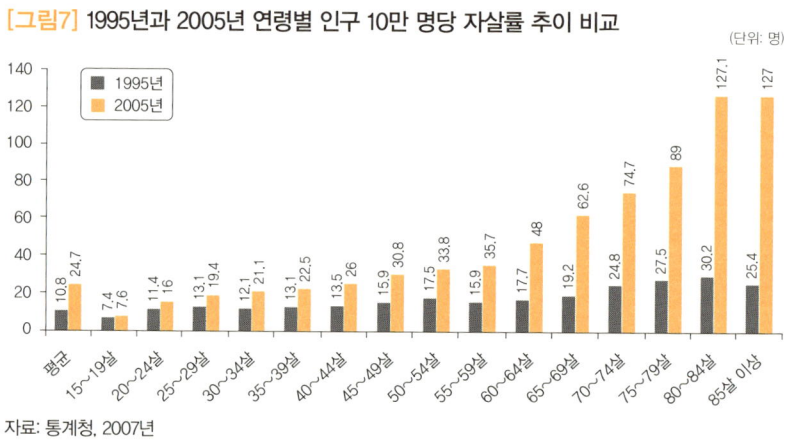

(단위: 명)

자료: 통계청, 2007년

연령별 자살률을 세부적으로 살펴보면, 2011년 기준 10~30대의 사인 1위가 자살이었고, 40~50대에서는 2위가 자살이었다. 먼저, 10대 자살의 원인 중 가장 큰 비중을 차지하는 것은 과도한 학업 스트레

스이며 그다음이 인간관계 문제라고 한다. 주지하다시피, 아이들의 과도한 학업 스트레스는 주로 부모들이 야기한다. 부모들의 입장에서는 아이들이 일류대에 가지 못한다면 성인이 되어서 안정적인 직장에 다니기 어렵다는 것을 알기 때문에 아이들이 힘들어 하는 것을 알면서도 계속해서 잔소리를 해댈 수밖에 없다. 경쟁 사회에서 아이들은 부모의 기대에 부응하고 싶어도 그렇지 못한 경우가 많기 때문에 대부분의 아이들에게 부모의 잔소리는 커다란 부담이 된다.

앞서 설명한 바와 같이 대기업 정규직에 들어가기에 유리한 ─ 물론 아이가 의사, 변호사 등의 전문직을 가지게 된다면 더욱 좋겠지만 ─ 일류대 입학 정원은 매우 한정적이다. 만약 중소기업에 취직하거나 비정규직으로 취직한다고 해도 임금 격차와 근로 조건이 대기업 정규직과 별 차이가 없다면, 부모들은 일류대만을 외치지 않을 것이며 그만큼 아이들의 학업 스트레스는 줄어들 것이다. 즉, 10대 자살의 가장 큰 원인인 과도한 학업 스트레스도 근본 원인을 찾아보면 '임금 격차'이며 이는 재벌 위주의 사회 구조 때문에 발생하는 것이다.

10대 자살의 두 번째 큰 이유인 인간 관계 문제 역시 적어도 간접적으로나마 우리 사회의 과도한 경쟁 즉, 안정적인 미래를 갖기 위한 경쟁이 너무나 치열한 것에 근본 원인이 있다. 우리나라의 초등학교, 중학교, 고등학교에서는 정상적인 교육이 이뤄지지 않고 모든 과정이 대학 입시에 초점이 맞추어져 있다. 전인교육이 제대로 수행될 수 없는 상황이다. 또한 공교육이 끝나면 사교육 기관을 다녀야 하는 아이들의 입장에서 가족과의 의사소통을 위한 정신적·시간적 여유 역시 매우 부족하다. 모든 것이 좋은 대학에 가기 위해 톱니바퀴 돌아가듯이 맞물려 있는 상황에서 건전한 인간 관계가 들어설 자리가 너무나 비좁다.

2,30대 자살과 관련, 현재 우리나라는 20대 전체 사망자 수의 44.9%가, 30대 전체 사망자 수의 33.9%가 자살로 생을 마감하는 매우 심각한 상황이다. 앞의 [그림7]에 나타난 바와 같이 외환 위기 전인 1990년대 중반과 비교해서 2000년대 들어 특히 20대 후반부터의 자살률이 크게 증가했다. 이에 대해 전문가들은 외환 위기 이후의 경기 침체로 인한 미취업 및 구조조정 과정에서의 해고가 자살률의 급증을 야기한 가장 큰 직간접적인 원인으로 보고 있다.

4,50대에서 사망 원인 중 자살이 1위가 아니라 2위를 기록한 이유는 과로 및 음주에 따른 건강 악화로 숨진 경우가 이 연령대에 급격히 증가하기 때문이다. 즉, 빈번한 야근, 잦은 술자리 등으로 인해 건강이 급격히 악화되어 병으로 죽는 경우가 자살률을 초과한 것이다. 한국의 4,50대는 가정과 직장에서의 책임이 최고조에 이르는 시기로 많은 사람들에게 부담 없이 제대로 쉬는 것조차 허락되지 않는다. 근무시간을 초과하면서까지 일하는 것은 다반사이고 회식에도 빠질 수 없다. 상사에게 밉보였다가는 승진은 고사하고 해고되기 쉽기 때문이다. 밝혀진 통계에 따르면 특히 40대 한국 남성의 사망률은 세계 최고이며, 미국보다 3배 높고 일본보다도 2배 이상 높다고 한다.

우리나라에서 65세 이상의 노인은 그 자체만으로 자살 고위험군에 속한다. 선진국의 경우 노인 자살률은 젊은층에 비해 상당히 낮지만 우리나라에서만 유독 젊은층에 비해 현저히 높다. 수치상으로 보면, 2010년 기준 노인 자살률은 10만 명당 81.9명으로 전체 평균의 2.4배인데 이는 17.9명의 일본, 14.5명의 미국에 비해 4~5배 높은 수준이다. 2010년 자살한 노인의 수는 4,378명으로 이는 전체 자살자의 28.1%를 차지했다.

돈이 없어 자살하는 한국의 노인들

노인 자살은 질병, 생활고, 우울증, 외로움 등의 여러 사유가 복합적이지만 결국 경제적 빈곤이 근본적인 원인으로 꼽히고 있다. 특히 자식들의 경제적 상황이 좋지 않은 상황에서 건강이 악화되거나 생활고에 빠지는 경우 "자식들에게 부담을 주지 않겠다"라는 생각이 자살로 이어진다고 한다. 자살 방법 역시 치명적이어서 노인의 자살 성공률은 31.8로 다른 연령층 보다 4배 정도 높다. 이는 그만큼 노인의 경우 자살 시도가 충동적이지 않고 미리 계획된 바에 따라서 자살을 시도한다는 것을 뜻한다.

한국의 65세 이상의 노인들은 과거 열심히 일해 '한강의 기적'을 일구어낸 주역이었으나 따로 노후를 대비하여 적금을 들거나 투자를 해놓은 경우가 별로 없다. 다음의 [그림8]이 보여주듯이 우리나라 노인의 빈곤율은 OECD 국가 중 가장 높다. 젊었을 때 벌어둔 돈은 자식들 교육이나 주택 구입 등을 위해 많이 써버렸고, 그렇다고 서구 선진국들처럼 복지 시스템이 잘 갖추어져 국가가 생계 유지에 지장이 없을 정도로 지원을 해주지도 않는다. 그런데 자식들은 특히 2000년대 이후의 신자유주의적 노동 유연화 정책 및 재벌의 착취 강화의 결과로 생활이 급격하게 쪼들리게 되자 부모 봉양을 제대로 하지 않았고 이에 따라 노인 빈곤이 크게 심화되었다.

[그림8] OECD 국가 노인 빈곤율 비교 (2010년 기준)

자료: OECD, 2011년

이러한 추세는 이명박 정부 들어 더욱 가속화되었으나 오히려 노인복지 예산 증액 정도는 감소하고 있다. 예컨대, 이명박 정부 1년차

인 2008년에는 노인 자살률이 71.7명이었으나 3년이 지난 2010년에는 81.9명으로 급증했다. 그러나 노인복지에 대한 예산 증액은 평균 18.6%로 과거 노무현 정부의 5년 평균인 63.3%의 1/3 수준으로 떨어졌다. 특히 2010년도 예산 증액은 11.9%였지만 2011년에는 6.1%, 2012년에는 4.9%로 증액 규모가 급격히 떨어지고 있다. 현재 전체 인구에서 노인 인구가 11%에 달하지만 전체 예산에서 노인복지정책에 대한 예산 비중은 겨우 1% 정도에 불과한 실정이다.

2000년대 들어 급격히 높아진 자살률은 서민들의 삶이 2000년대 들어 그만큼 급격하게 힘들어졌다는 것을 의미한다. 아이들과 청년들의 진학 및 취업에 대한 스트레스는 보다 심화되고, 가장들의 생계 부담 역시 가중되었으며, 노인들은 몸이 아파도 먹고 살기 힘들어하는 자식들에게 쉽게 손 벌리기 어려운 형편이 되었다. 반면 재벌들은 과거에 비해 쉽게 직원들을 해고할 수 있게 되었고, 비정규직을 고용하여 임금도 훨씬 적게 줄 수 있게 되었으며, 하청업체에 대한 착취는 정부의 눈치를 보지 않고 거리낌 없이 행할 수 있게 되었다. 한국의 재벌들이 세계적 기업으로 도약하고 있는 사이 서민들의 생존 경쟁은 보다 치열해졌고 이전보다 훨씬 많은 사람들이 아예 자신들의 생을 스스로 포기해버리는 상황에까지 이른 것이다.

재벌이 감면받는 세금,
누가 충당해 왔는가?

이명박 정부에서는 직접세 위주 감세 정책을 펴면서 서민들의 삶을 더욱 위태롭게 하고 있다. 특히 현 정부는 법인세 인하, 할당관세 등으로 재벌들에게 연간 수 조원에 달하는 세금 감면을 해주었다.

재벌이 감면받는 세금,
누가 충당해 왔는가?

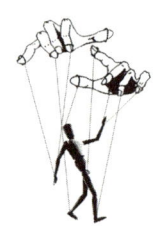

현대 민주주의 국가의 세금은 가난한 사람보다 부자에게 많이 걷는 것이 상식이지만, 우리나라의 세금은 상대적으로 부자보다 가난한 사람에게 더 많이 걷고 있다. 대표적인 예가 우리나라의 경우 직접세보다 간접세의 비중이 높다는 것이다. 반대로 대부분의 선진국들은 간접세보다는 직접세의 비중을 높여 세금을 통해 소득 재분배 효과를 거두고 있다. 참고로 직접세는 세금을 실제로 부담하는 사람과 납부하는 사람이 일치하는 조세이며, 반대로 간접세는 세금을 실제로 부담하는 사람과 납부하는 사람이 다른 조세이다. 직접세는 국세 중에서 소득세, 법인세, 상속세 등이 있고, 간접세는 부가가

치세, 개별소비세, 전화세, 인지세, 주세(酒稅) 등이 있다.

예컨대, 직접세인 소득세의 경우 소득이 높으면 높을수록 많이 내기 때문에 고소득층이 저소득층보다 많이 내야 한다 — 이를 누진적 즉, 소득이 증가함에 따라 점차 높은 세율이 적용된다고 한다. 반대로 간접세인 부가가치세의 경우 물건을 사는 사람의 소득에 상관없이 물건을 살 때마다 정해진 부가가치세를 내야 하기 때문에 상대적으로 저소득층에게 불리하다 — 이를 역진적 즉, 소득이 증가함에 따라 낮은 세율이 적용된다고 한다.

재벌 기업, 정당한 세금을 내고 있는가?

다음의 [표16]은 대표적인 선진국이라 할 수 있는 G7 국가들과 우리나라의 주요 세목별 조세부담률을 비교한 것이다. 우리나라의 경우 간접세인 부가가치세 등의 소비과세 부담률이 직접세인 개인소득세의 두 배 이상으로 높지만 G7 국가들의 경우 소비과세 부담률이 개인소득세 부담률보다 비슷하거나 오히려 낮다. 특히, 미국의 경우 개인소득세 부담률이 소비과세 부담률의 두 배에 이른다.

[표16] G7 국가 및 한국의 GDP 대비 주요 세목별 조세부담률 비교 (2005년 기준)

(단위: %)

국가	개인소득세	법인세	재산과세	소비과세	사회보장세
한국	3.4	4.1	3.0	8.8	5.4
일본	5.0	4.3	2.6	5.3	10.1
영국	10.6	3.4	4.4	11.1	6.9
프랑스	7.6	2.8	3.5	11.2	16.3
독일	8.1	1.7	0.9	10.1	13.9
이탈리아	10.5	2.8	2.1	10.8	12.6
캐나다	11.9	3.5	3.4	8.5	5.0
미국	9.6	3.1	3.1	4.8	6.7

자료: OECD, 사회보장세는 사회보장성 지출을 뜻함 (예컨대, 우리나라의 경우 국민연금, 의료보험, 산재보험 및 고용보험 등을 의미한다.)

위의 표에서 특히 유의할 점은, 2005년 당시 한국의 GDP 대비 법인세 비중은 4.1%로 다른 국가들에 비해 높은 편이었다. 2008년 이명박 정부는 이 수치를 강조하면서, 기획재정부가 한국의 GDP 대비 법인세 비중이 OECD 국가 중 7위라고 밝혔다. 그러자 당시 동아일보, 중앙일보 등의 보수 언론사들은 마치 한국의 법인세가 OECD 국가 중 7번째로 높은 것처럼 기사를 썼다. 그러나 한국의 전체적인 조세부담률 자체가 낮기 때문에 기업이 상대적으로 법인세를 많이 낸다고는 하지만 실질적으로 기업이 내는 세금은 다른 나라 기업의 경우와 비교해 봤을 때 훨씬 적다. 또한, 외환위기 이후 기업의 소득은 증가했으나 일반 가정의 소득은 제자리 걸음을 하면서 기업이 일반 가정에 비해 상대적으로 세금을 많이 내고 있다는 사실도 간과

해서는 안 된다.

법인세의 높고 낮음을 기업이 얼만큼의 세금을 내는 가로 따져 보아야지 전체 GDP 중 법인세의 비중으로 따지는 것은 선뜻 이해가 가지 않지만, 보수 언론사들은 너도나도 달려들어 우리나라 기업들이 법인세를 많이 내어 국제 경쟁력이 떨어진다는 기사를 내면서 여론몰이를 해나갔다. 즉, 정부에서 높은 법인세 비중이라는 이슈를 제기하고 곧이어 보수 언론들이 호들갑을 떨면서 내용 자체를 왜곡했다고 볼 수 있다. 결국 법인세율은 많은 시민단체와 전문가들의 반대에도 불구하고 2009년 27.5%(법인세 25%+지방세 2.5%)에서 24.2%(법인세 22%+지방세2.2%)로 인하되었다.

그렇다면 실제 우리나라 기업들이 부담해야 할 법인세율은 다른 국가의 기업들에 비해 어떨까? 다음의 [그림9]가 보여주듯이 G7 국가들과 비교해 볼 때 우리나라 기업들의 법인세율은 가장 낮으며, 특히 미국(39.2%)과 일본(39.5%)에 비해서는 매우 낮은 수준이다. 법인세율 인하 전인 27.5% 였을 때에도 낮은 편에 속했지만 당시 법인세율 인하를 밀어붙인 정부나 보수 언론들은 이러한 수치는 완전히 무시하고, 전혀 상관도 없는 GDP 대비 법인세 비중만 들먹이면서 여론을 호도했던 것이다.

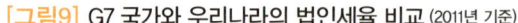

[그림9] G7 국가와 우리나라의 법인세율 비교 (2011년 기준)

(단위: %)

자료: OECD, 2012년

더군다나 실제 기업이 내는 법인세 실효세율은 법정세율 24.2%보다 훨씬 낮은 것으로 조사되었으며, 규모가 큰 재벌 기업일수록 실제 부담하는 법인세는 더욱 낮았다. 정부가 여러 가지 세금 감면 혜택을 재벌들에게 몰아주고 있기 때문이다. 다음의 [그림10]에 나타난 2007년부터 2011년까지 5년간 10대 기업의 법인세 실효세율의 평균치를 보면 10대 기업 중 9개 기업의 실효세율이 법정세율보다 낮은 것을 확인할 수 있다. 특히, 같은 기간 천문학적인 돈을 벌어들인 삼성의 경우 13.8%로 법정세율보다 무려 10.4%나 낮았다.

[그림10] 2007~2011년간 10대 그룹 법인세율 (실효세율) 평균

(단위: %)

자료: 한국신용평가, 참여연대; 실효세율=(계속사업 법인세비용/법인세비용 차감 전 계속사업이익)X100

특히 이명박 정부 들어 재벌들이 받은 법인세 감면액은 매년 3조 원대로 이는 전 정부에 비해 1조 원 가량 늘어난 수치이다. 국세청이 2012년 10월 2일 국회에 제출한 '상호출자제한기업집단 신고현황'에 따르면 53개 재벌 기업이 감면 받은 법인세는 2007년에는 2조 6,960억 원이었으나 2008년에는 3조 3,393억 원, 2009년에는 3조 4,625억 원, 그리고 2010년에는 3조 6,902억 원으로 점차 늘어났다. 전체 법인세 감면액 중 96.9%를 재벌기업이 가져가고 나머지인 약 3.1%만을 중소기업이 차지했다.

재계에서는 그동안 줄곧 국내 기업들이 높은 세금 부담으로 국제 경쟁력이 떨어진다고 주장했지만, 실제로는 한국의 재벌들만큼 세금 부담을 적게 가지는 기업체가 드물다. 일례로 2006년 기준 미국의 기업 순위 1위인 엑손 모빌은 42.6%, 일본의 기업 순위 1위인 도요타는 39.1%의 법인세를 부담했다. 당시 한국의 기업 순위 1위인 삼성은 14.4%의 법인세만 납부했다. 한국의 재벌들이 이렇게 낮은 법인세를 납부함에도 불구하고 재계에서는 '경제 활성화'를 위해 현재의 24.2%보다 법정세율을 더욱더 낮출 것을 계속해서 요구하고 있다. 여기에 보수적인 언론사들 역시 맞장구를 치고 있다. 예컨대, 2011년 4월 19일 조선일보는 '삼성이 한국을 떠난다면'이라는 칼럼을 실었다. 글의 주요 논거 중 하나는 한국의 법인세율이 너무 높아서 삼성 같은 기업이 기업 경영을 제대로 할 수 없다는 것이었다.

재벌들이 받는 추가적인 세금감면

재벌들의 법인세 이외 다른 세금에 대한 감면액도 이명박 정부에서 최고 수치를 기록했다. 특히 10대 재벌들은 세제공제만으로도 전체 법인세 감면액의 절반에 달하는 세금을 돌려받았다. 반면 중소기업 특별세액 감면은 오히려 감소 추세에 있다. 예를 들어, 2011년 중소기업 특별세액 감면액은 1조 930억 원으로 2010년 보다 오히려 8.7% 감소했다. 또한, 소득재분배 효과가 없는 간접세 감면액 역시 점차 줄어들고 있다. 2010년 간접세 감면액은 7조 3천 651억 원이었으나 2011년에는 6조 3천 956억 원으로 13.2%인 9천 695억 원이 감소했다.

여기에 더해 재벌 기업들은 물가안정을 위해 정부가 설정한 할당관세로 2008년부터 4년간 약 3조 3천억 원 이상의 세금을 감면 받았다. 참고로 할당관세는 국내 물가 안정과 수급 원활화 등을 위해 행정부가 일정 범위(±40%) 내에서 설정할 수 있는 관세 특혜의 일종이다. 2012년 10월의 기획재정부 국정감사를 통해 밝혀진 바에 따르면 2008년부터 2011년까지 할당 관세로 인한 세수 감소분은 5조 4,400억 원이며 이 중 전체의 60%에 달하는 3조 3천억 원 정도를 재벌기업들이 감면 받았다. 특히, 수입량 기준 재벌기업이 차지하는 비중은 2008년 53%에서 2012년 67%로 5년 동안 14% 증가했고, 수입액 기준 비율은 같은 기간 54%에서 71%로 17% 증가했다. 즉, 재벌들은 벌어들인 돈으로 투자 및 고용 확대가 아닌 수입 확대에 집중한 것이며 특히 수입량 기준 비율보다 수입액 기준 비율이 훨씬 높다는 것은 수입한 물품이 값비싼 사치품이 많다는 것을 의미한다. 주지하다시피 재벌의 아들, 딸, 손자, 손녀 들은 앞다투어 수입차나 명품 가방 등의 사치품 시장에 뛰어들고 있다. 그러면서도 즉, 한국의 사치품 시장을 장악하여 전체 물가를 올리는 데 큰 기여를 하면서도 물가 안정을 위해 고안된 할당관세로 인한 혜택을 받고 있는 상황이다.

낙수효과는 없다

재벌에 집중된 세금 혜택은 정부의 바람과는 달리 대부분 사내유보금 확대로 이어졌다—사내유보금은 이익잉여금에서 법정준비금인 이익준비금을 뺀 것이다. 10대 재벌의 사내유보금은 2012년 3월 말 현재 183조 원이며, 그중 현금성 자산만 하더라도 77조 9,900억 원에 이른다. 사내유보금을 가장 많이 쌓아 놓은 기업은 삼성으로 약 101조 원 이상이었고, 그다음이 현대자동차로 33조 원에 달했다.

정부가 재벌들의 세금 감면을 추진한 근거는 낙수효과(trickle-down effect)이다. 즉, 정부가 재벌들의 세금을 낮춰주면 기업은 그 돈으로 투자를 더욱 확대하여 서민들에게 보다 많은 일자리를 제공해 줄 것이라고 기대한 것이다. 그런데 실제로는 재벌들이 돈을 금고에 쌓아 두고서 투자도 고용도 거의 하지 않고 있다. 2010년 10대 재벌 기업의 고용창출계수는 5.6을 기록했으나 비10대 기업의 고용창출계수는 9.9를 기록했다. 즉, 10대 재벌 기업이 5.6명의 고용을 늘린데 반해 나머지 기업들은 9.9명을 채용한 것이다. 매출액 10억 원당 고용자수를 보더라도 10대 기업의 경우 1.02명이지만 비10대 기업의 경우 1.68이었고, 중소기업만 따로 놓고 보면 1.81명을 기록했다.

부유층에 유리한 정부의 세금정책

2012년 5월 경제개혁연구소가 조사한 바에 따르면 우리나라 국민의 86%가 정부의 세금정책이 부유층에 유리하다고 생각하며, 서민층에 유리하다라고 생각하는 경우는 겨우 7.0%에 불과했다. 즉, 국민 대부분이 현재의 직접세 감세 위주의 세금 정책이 부유층에 유리한 것으로 생각하지만, 정부와 재계, 그리고 보수적인 언론사 등은 서민층에게도 유리한 즉 모든 국민에게 유리한 정책으로 주장하고 있는 것이다. 실제 한국은행의 자료를 보더라도 이명박 정부의 감세 정책으로 인해 소득 상위 20%가 양도소득세 감세 혜택의 95%, 종합소득세 감세 혜택의 90%, 근로소득세 감세 혜택의 87%, 및 상속세와 증여세 감세 혜택의 99%를 독식하고 있다. 또한, 소득 상위

6.7%가 법인세 감세 혜택의 91%를 독식하고 있다.

이명박 정부 초기 논란이 된 종부세(종합부동산세) 역시 직접세의 하나로 소득재분배 효과가 큰 세금이다. 당시 강만수 기획재정부 장관은 "종부세는 공평성, 보편성, 세원 보전 등 조세 원칙에 하나도 맞지 않고, 동서고금에 없었던 정치폭력"이라고 하면서 종부세를 폐지하고자 했다. (종부세 폐지 시도에는 그의 개인적인 앙금도 있었다. 그는 장관 인사청문회에서 "노무현 정부 시작할 때보다 (보유 중인) 아파트 가격이 3배 정도 뛰었다. 10년 동안 야인(野人)으로 있으면서 소득은 없는데 종부세만 냈다"고 불만을 표출했다.) 종부세는 야당과 시민단체의 격렬한 저항에 부딪혀 폐지되지는 않았지만, 이명박 정부 들어 납세자 규모가 급감했고 납세액도 상당히 줄어들었다. 납세자는 2007년 48만 명에서 2010년 25만 명이 되었고, 납세액은 2007년 2조 7천 671억 원에서 2010년 1조 289억 원으로 감소했다.

대신 정부는 직접세 감세로 인해 부족해진 세손 충당을 위해 끊임없이 간접세 비중을 높이려고 시도하고 있다. 예컨대, 기획재정부는 한국재정학회에 관련 연구용역을 발주하여 2009년 6월 〈감세정책과 부가가치세제 운용방향〉이라는 보고서를 발표하게 했다. 보고서는 "세계경제의 글로벌화로 국제조세경쟁이 심화되는 환경에서 각국은 법인세나 소득세의 세율을 인하하고, 대신 소비세의 비중을 강화하는 추세"라고 하면서 "부가가치세 과세기반 확대나 기존의 소득세 감세에 대한 대안으로 소비과세 강화와 관련된 세제개편을 적극 검토해야 한다"고 주장하고 있다. 이러한 의견대로 예컨대, 부가가치 세율이 현 10%에서 15%로 5% 오르게 되면 현재의 물품 가격들이 5% 상승된다는 것을 의미하고, 이는 실질 임금이 그만큼 감소하게 된다는 것을 뜻한다.

정리하자면, 우리나라의 세금은 직접세 비중이 간접세 비중보다 과도하게 높은 체제이기 때문에 세금의 소득재분배 효과가 여타 선진국들에 비해 매우 적은 편이다. 그럼에도 불구하고 이명박 정부에서는 직접세 위주 감세 정책을 펴면서 서민들의 삶을 더욱 위태롭게 하고 있다. 특히 현 정부는 법인세 인하, 할당관세 등으로 재벌들에게 연간 수 조원에 달하는 세금 감면을 해주었다. 재벌들은 환율 인상, 노동 유연화, 하청업체 착취 등으로 엄청난 이익을 거두어 들이면서 정부로부터 다양한 세금 감면 혜택까지 받고 있는 상황이다. 그러면서도 정부의 기대와는 달리 재벌들은 투자 및 고용 확대 대신 은행에 돈을 쌓아두고 있거나 사치품 수입에 열을 올리고 있다.

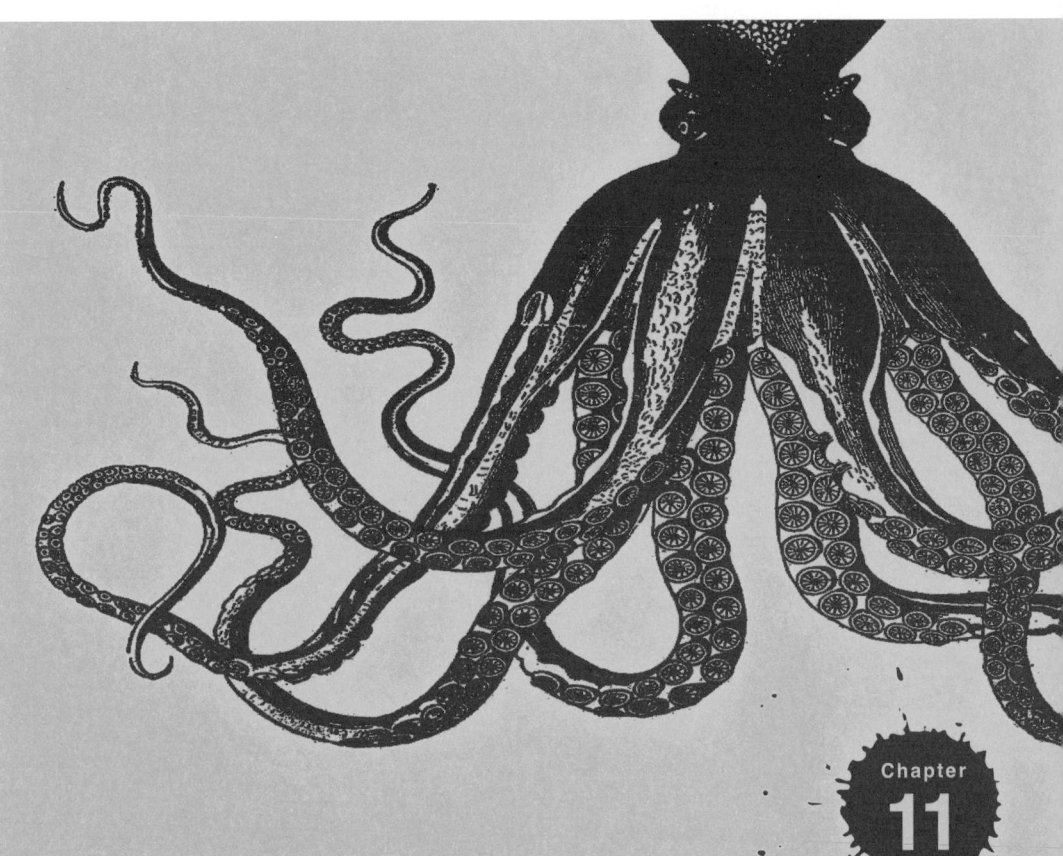

법 앞의 평등은
돈 앞의 불평등이 되고

서민들의 범법 행위는 대부분 정상참작 없이 엄하게 다스려 지지만, 재벌들은 수천 억원, 수조 원을 빼돌려도 한국 사회에 공헌하고 있다면서 솜방망이 처벌만을 하고 있다.

법 앞의 평등은
돈 앞의 불평등이 되고

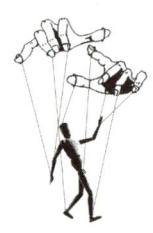

2011년 3월 24일 공정거래위원회(공정위) 조사관이 휴대폰 가격 담합을 조사하기 위해 삼성전자 수원사업장에 들이닥치자 다수의 임직원이 가담해 공정위 조사를 막았다. 삼성전자의 보안담당 직원들 및 용역업체 직원들이 공정위 조사관들의 출입을 지연시키는 동안 조사대상 부서 직원들이 관련 자료를 폐기하고 PC도 교체했다. 조사관들이 실랑이를 마치고 예정보다 50분 정도 지연되어 현장에 도착해보니 사무실에는 직원 한 명만 있었고 관련 자료들은 아무 것도 남아 있지 않았다. 이 사건 이후 삼성전자는 '비상상황 대응관련 보안대응 현황'을 마련했는데, 그 내용은 조사공무원이 방문한다 하

146

더라도 사전 연락이 없을 경우 정문에서부터 차량을 막고, 바리케이드를 설치하며, 주요 파일에 대해 대외비를 지정하고 영구 삭제할 것 등이었다.

공정거래위원회쯤이야

삼성이 공정위의 조사를 방해한 경우는 이번 한 번만이 아니었다. 지금까지 기업이 공정위의 조사를 방해한 것은 모두 18건이었는데 삼성은 1998년 맨 처음의 경우를 포함하여 총 6건으로 가장 많다. 예컨대, 2005년에는 삼성토탈 직원들이 석유화학업체간 가격담합을 조사하러 온 공정위 조사관들이 증거자료를 원본과 대조하고 있을 때 중요 자료를 한 조사관의 손에서 빼앗아 달아나 결국 파기해 버렸다. 2008년에는 삼성전자 직원들이 하청업체 납품단가 부당 인하 실태를 파악하러 온 공정위 조사관들의 조사를 방해하면서 관련 서류를 모두 빼돌렸다.

공정위 조사를 방해한 재벌은 삼성만이 아니다. CJ가 3건으로 삼성 다음으로 가장 많고 그 뒤를 SK(2건), 현대(2건), LG(1건) 등이 차지한다. 예를 들어, 2005년 10월 현대하이스코 임원 A씨는 "감히 영업본부장을 조사할 수 있느냐", "직원들이 보는데 영업본부장 자리를 보게 할 수 있느냐"는 등의 이유를 들어 조사를 막았고 결국 오전 9시 50분경에 현장조사에 나선 공정위 조사관들은 오후 4시 30분에야 조사를 시작할 수 있었다. 2005년 7월 CJ 직원들은 공정위 직원들이 확보한 자료 중 2건을 몰래 빼돌렸다. 담당 조사관이 이내 없어진 자료를 발견하고 반납할 것을 요구하자 대부분 자료는 찢어진 채로 반납되었고 일부는 아예 찾을 수도 없었다.

그런데 이런 엄청난 공무방해 행위에 대해 처벌 수위가 너무나 낮다. 재벌들이 정부 당국의 법 집행을 방해하는 사건이 줄줄이 터졌지만 검찰 수사 의뢰는 여태까지 한 건도 없었으며, 공정위에서 물린 과태료도 매우 낮은 수준이다. 2011년 3월의 삼성전자 사건의 경우에도 공정위는 '가능한 법적 수단을 모두 동원해 엄중하게 대응한다'고 하면서 겨우 4억 원의 과태료를 물렸다—그나마 역대 최고 수준의 과태료였다. 기업들은 조사방해를 통해 수천억, 수백억 원의 과징금을 면할 수 있으니 완전히 남는 장사이다.

그렇다고 그룹 내에서 해당 직원을 처벌하는 것도 아니다. 여론을 의식하여 징계를 하지만 형식적일 뿐이며 인사상 불이익도 받지 않는다. 일례로, 2005년 주도적으로 공정위 조사를 방해한 혐의로 과태료 처분을 받은 한 삼성 임원은 상무보에서 상무를 거쳐 지금은 다른 계열사 전무로 재직 중이다. 그와 협조한 한 부장급 그룹장은 현재 전무로 승진한 상태이며, 한 과장은 현재 부장으로 승진해 당시와 같은 업무를 맡고 있다. 또한, 준법경영 담당 임원이 조사방해를 적극적으로 주도한 SK C&C의 경우 해당 임원에 대한 징계는 전혀 없었고 업무 영역만 조정했다. 국가에서 불법행위를 저질렀다고 과태료 처분을 내렸지만 회사 내에서의 불이익은 거의 없다고 보아야 한다.

삼성 이건희 회장, LG 구본무 회장 등 재벌 총수들은 2012년 초 직접 법 위반 재발 방지 및 책임자 엄벌 방침을 밝혔지만 그들의 진정성이 의심될 수밖에 없는 상황이다. 이에 시민단체들은 재벌 총수들의 불법 행위에 대한 솜방망이 처벌 자체가 그룹 내부 및 재계 전체의 준법 의식을 떨어뜨리고 있다고 비판하고 있다.

재산 은닉은 기본, 편법적 경영 승계는 옵션

재벌 총수들의 그간의 행적을 볼 때 그들의 주장은 상당히 타당성이 있다. 2012년 10월 국감자료에 따르면 2000년대 들어 재벌 총수 및 고위 임원들이 빼돌리거나 비자금으로 조성한 돈이 무려 20조 4,836억 원이라고 한다. 물론 조사된 금액만 그 정도이고 실제로는 그보다 훨씬 많은 돈이 해외로 빼돌려진 것으로 추정되고 있다. 2012년 7월 영국의 '더 옵서버'에 따르면 한국인이 해외에 은닉한 자산은 총 7,790억 달러 즉, 888조 원에 달하며 그중 상당 부분이 재벌의 감춰진 재산으로 의심되고 있다.

몰래 재산을 은닉하는 것 이외에 공개적으로도 재벌들은 법을 무시하면서 시장질서를 훼손하고 있다. 그 대표적인 예가 최근까지 한국을 떠들썩하게 했던 삼성 에버랜드 전환사채 사건이다.

1994~1996년 이건희는 아들 이재용에게 61억 원의 재산을 물려주었고, 이재용은 16억 원의 세금을 냈다. 그 돈으로 이재용은 당시 비상장 회사였던 에스원과 삼성엔지니어링에 투자하였고, 이들 회사가 상장되어 5백 39억 원의 차익을 올려 거액의 종잣돈을 마련했다. 곧바로 이재용은 에버랜드 전환사채(CB)를 샀는데, 당시 에버랜드는 비상장 회사였기 때문에 1주당 7,700원에 불과했다. 당시 에버랜드 이사회는 기존 주주배정 방식으로 발행한 125만 주의 전환사채를 거의 모두 이재용, 이부진, 이서현 등 이건희의 자녀들에게 넘길 수 있었다. 삼성물산, 중앙일보 등 모두 삼성가 사람들이었던 기존 주주들이 헐값에 살 수 있었던 전환사채 인수를 자발적으로 포기했기 때문이다. 이재용은 이후 전환사채를 주식으로 바꿨고 곧 삼성 에버랜드의 최대주주가 되었다. 에버랜드는 삼성생명의 최대 주주로 삼성 그룹 순환출자 구조의 정점에 있기 때문에, 에버랜드의 경영권 확보로 순환출자로 이루어진 삼성의 경영권을 장악하게 된 것이다.

이 과정에서 이재용이 낸 세금은 처음 이건희로부터 받은 61억 원에 대한 상속세인 16억 원이 전부였다. 대한전선의 상속세 납부액이 1,355억 원이었다고 한다. 대한전선 매출액의 100배가 넘는 삼성이 낸 상속세는 대한전선의 1/85에 불과한 겨우 16억 원이 전부였다 ─

원칙적으로 하면 약 8조 원에 달하는 상속세를 냈어야 했다.

그런데 고작 16억 원의 세금을 내면서 2011년 회계연도 기준 279조 820억 원의 자산을 가진 삼성을 상속받은 것보다 더욱 놀라운 사실은 한국의 사법부가 해당 사건에 대해 무죄 판결을 내렸다는 것이다. 대법원은 2009년 5월 29일 에버랜드의 전환사채가 헐값에 발행되었다는 것은 인정하면서도, 그 방식이 주주배정이었기 때문에 즉, 주주들이 그것을 자발적으로 포기했기 때문에 형사상 처벌을 할 수 없다고 무죄를 선고했다. 즉 모두 삼성가 사람들인 주주들이 외부로부터의 어떠한 압력도 없이 완전히 순수한 마음으로, 헐값에 전환사채를 구입할 수 있었음에도 불구하고 이를 깨끗이 포기하고 이건희 회장의 자녀들에게 모두 넘겨주는 것을 용인했다고 판결한 것이다.

또 하나 특기할 만한 사실은 1987년 이건희의 아버지인 고 이병철이 타계하면서 이건희가 그룹을 승계했으나 납부한 상속세는 70억 원에 불과했다는 것이다. 당시 터무니 없이 낮은 상속세라고 많은 비판을 받았지만, 이건희는 자신의 아버지보다 한술 더 뜬 것이다.

재벌의 편법적인 경영 승계가 삼성의 경우만은 아니다. 현대차그룹의 경우 일감 몰아주기를 통해 편법 승계를 도모했다. 지난 2001년 물류 계열회사인 현대 글로비스 출범 당시 정몽구 현대차그룹 회장의 아들 정의선은 29억 9천만 원을 출자했다. 이후 현대차와 기아차 등 계열사들의 집중적인 일감 몰아주기 덕분에 2002년 3,700억 원의 매출을 기록했다가 폭발적인 성장을 거듭하면서 2011년 매출 9조 5천억 원에 3,588억 원의 당기 순이익을 기록했다. 이러한 성장에 힘입어 글로비스 주식 1,195만 4,460주를 보유한 정의선의 지분가치는 약 2조 5천억 원에 이르러 10년 만에 투자금액 대비 830배의 차익을 거두고 있다. 현대차그룹은 글로비스 외에도 본텍 등 정의선이 최대주주로 있는 비상장 회사들을 몇 개 더 가지고 있으며, 이들역시 모두 현대차그룹의 일감 몰아주기로 급성장을 하고 있다. 정의선은 결국 이러한 일감 몰아주기를 통해 그룹의 상속 기반을 마련하고 있는 셈이다.

그런데 재벌 그룹 내의 일감 몰아주기는 재벌의 경제력 집중을 심화시키면서 중소기업을 죽이는 행위이기 때문에 단지 상속세 감면 이상의 사회적 파급효과가 있다. 일감 몰아주기를 통해 총수 일가소유 회사가 급격하게 부를 쌓아가는 동안 이전에 거래하던 중소업체들은 계약이 끊겨 고사하는 상황이 반복되고 있기 때문이다. 예를 들어, 롯데시네마에 팝콘과 음료를 파는 매점을 운영하는 시네마통상은 롯데 창업자의 딸인 신영자 롯데 복지장학재단 이사장이 운영하는데, 투자대비 연평균 665%의 수익률을 기록했다. 총수 일가라는 이유로 아주 쉽게 돈을 벌고 있는 것이다.

최근 들어 일감 몰아주기와 같은 부당 내부거래 및 지원성 거래는 급증하여 2012년 10월 국정감사 자료에 따르면, 공정위가 최근 5년간 부당지원 행위로 조치한 16건의 부당 내부거래 지원 금액은 4,455억 원에 달했다. 그렇지만 이에 대한 과징금 부과 금액은 1,297억 원이었으며 부당 내부거래 지원 금액 대비 과징금 비율은 평균 29.1%에 불과했다. 부당한 행위를 하다 적발되어도 과징금이 부당이익보다 훨씬 낮은 상황이다.

위법 행위에 대한 솜방망이 처벌

국가기관의 재벌에 대한 솜방망이 처벌은 거의 모든 영역에서 행해지고 있다. 다음의 [표17]에 보이는 바와 같이, 2008년부터 2012년 7월까지 공정위의 대기업의 하도급 납품가 부당 인하 관련 접수 건수는 345건인데, 단속 실적은 고발 1건, 과징금 부과 24건에 그쳤다. 정부에서는 최근 대기업과 중소기업의 상생 및 동반성장을 크게 강조하고 있지만, 이를 위한 실질적인 조치는 거의 취하고 있지 않는 것이다.

[표17] 하도급 납품가 부당 인하 처리 결과

(단위: 건)

	2008	2009	2010	2011	2012. 7월	계
고발	1	0	0	0	0	1
과징금	8	7	3	4	2	24
접수건수	77	65	67	88	48	345

자료: 공정거래위원회 국감자료, 2012년; 접수건수=신고+직권인지

또한 2008년부터 2012년 7월까지 대기업 이동통신업체, 주유소, 식품업체 등의 가맹본부가 대리점이나 가맹점에 가한 횡포 또한 극심했다. [표18]에 나타난 바와 같이, 같은 기간 공정위에 접수된 가맹사업법 위반 건수만 해도 무려 1,384건에 달했다. 그러나 단속 실적은 고작 고발 1건에 그치고 있다. 현행 〈가맹사업법〉에 의하면 가맹본부의 법 위반에 대해 공정위는 적절한 조치를 취할 것을 적시하고 있지만 실제 공정위는 가맹사업법 위반 단속을 아예 하지 않고 있는 거나 다름없다.

[표18] **가맹사업법 위반 처리 결과**

(단위: 건)

	2008	2009	2010	2011	2012. 7월	계
고발	0	0	0	0	1	1
과징금	0	0	0	0	0	0
접수건수	178	525	257	268	156	1,384

자료: 공정거래위원회 국감자료, 2012년; 접수건수=신고+직권인지

재벌에 대해 고소·고발 조치를 취해도 재판부가 재벌 총수에 대해 실형을 선고하는 경우는 거의 없다. 예컨대, 2000년 1월 이후 특별경제가중처벌법상 횡령 및 배임 혐의로 기소된 기업인 149명 중 83.9%가 1심 아니면 2심에서 집행유예로 풀려났다고 한다. 특히나 다음의 [표19]에서 보듯이 거대 기업을 이끄는 재벌 총수의 경우 모두가 집행유예로 풀려났다 —한화 김승연의 경우 집행유예인 상태에

서 차명 계좌와 차명 소유 회사 등을 통해 한화 계열사와 소액주주, 채권자들에게 수천억 원대의 손실을 끼친 혐의로 기소돼 징역 4년에 벌금 51억 원을 선고 받고 2012년 8월 16일 이래 구속된 상태이다.

[표19] 최근의 재벌 총수에 대한 판결 사례들

이름	범죄 혐의	판결 내용	최종 결과
삼성 이건희	탈세 · 배임(1128억 원 조세포탈 등)	징역 3년, 집행유예 5년	특별사면
현대차 정몽구	횡령 · 배임(693억 원 횡령 등)	징역 3년, 집행유예 5년	특별사면
SK 최태원	분식회계 · 부당내부거래(1조 5000억 원 분식회계)	징역 3년, 집행유예 5년	특별사면
두산 박용성	횡령 · 분식회계(289억 원 횡령, 2797억 원 분식회계)	징역 3년, 집행유예 5년	특별사면
한화 김승연	폭행(아들보복 폭행)	징역 1년 6월, 집행유예 5년	특별사면

자료: 경제개혁연구소, 2012년.

구체적인 예를 들자면, 정몽구 현대차 회장은 수백억 원을 횡령하고 계열사에 2천억 원의 손해를 끼친 혐의로 검찰에 기소되었다. 1심에서는 징역 3년의 실형을 선고받았지만, 2심에서 징역 3년에 집행유예 5년 그리고 사회공헌 약속의 이행 및 300시간의 사회봉사 명령이 부과되었다. 재판부는 검찰의 공소사실을 모두 유죄로 인정하면서도 "과거에도 비자금 조성 관행이 있었다"며 집행유예를 선고했다. 이때 재판장인 이재홍 서울고법 부장판사는 판결에서 "돈이 많은 사람은 돈으로 죗값을 치를 수 있다"고 말했다. 이를 받아 중앙일보는 재판부의 판결을 환영하면서 1면 머리기사로 "감옥이 능사 아니다,

실질적 죗값 치러야 한다"라는 제목을 뽑았다.

삼성의 경우는 법원으로부터 솜방망이 처벌을 받는 정도가 아니라, 아예 법 위에 군림하고 나아가 국가권력까지 좌지우지하는 수준이다. 2005년의 '삼성 X파일 사건'이 이를 극명하게 보여준다. '삼성 X파일 사건'이란 2004년 당시 삼성의 2인자인 이학수와 중앙일보 회장인 홍석현 간의 대화 내용이 국정원 요원에 의해 비밀리에 녹음된 파일이 2005년 7월 MBC의 이상호 기자에 의해 공개된 사건이다. 여기에는 충격적인 내용이 담겨 있었다. 즉, 이건희 일가가 1997년 대선 당시 100억 원대의 비자금을 대선 후보들에게 전달했고, 정기적으로 검찰 간부들에게 수억 원대의 뇌물을 전달하고 있으며, 국회에 프락치를 심었고 당대표를 상대로 프락치에 대한 적절한 대우까지 요구했다는 것이다. 게다가, 과거 기아차 인수를 위해 기아의 은행 대출금 수천억 원을 일시에 상환하도록 정치권에 로비를 했고, 결국 기아의 부도로 경제 위기가 가속화되었다는 내용까지 있었다.

한국 사회를 뒤흔든 이런 엄청난 사건에 대해 사법부는 "도청된 테이프임을 알고도 대화 내용을 실명 보도해 수단과 방법의 상당성을 크게 벗어났다"며 이상호 기자에 대해 징역 6월에 자격정지 1년의 유죄를 선고했다. 그리고 X파일의 당사자들인 이건희, 이학수, 홍석현 등은 모두 무혐의 처분을 받았다. 뇌물을 받은 검사들의 실명을 공개한 노회찬 의원은 1심에서 명예훼손 및 통신비밀보호법 위반으로 유죄를 선고 받았으나 항소심에서는 무죄를 선고 받았다. 뇌물을 받은 검사들은 기소조차 되지 않았다.

고대 그리스의 정치가이자 시인인 솔론(Solon)은 "법이란 거미줄과 같아서 작은 것들이 그 안에 들어오면 옴짝달싹 못하게 잡아버리지만, 큰 것들은 뚫고 나아가 빠져 나와 버린다"고 했다. 현재 한국의 법 역시 마찬가지이다. 서민들의 범법 행위는 대부분 정상참작 없이 엄하게 다스려 지지만, 재벌들은 수천억 원, 수조 원을 빼돌려도 한국 사회에 공헌하고 있다면서 솜방망이 처벌만을 하고 있다.

고리사채의 고통,
왜 서민들은 봉이 되었나

과거 정부는 정치·경제적 필요성을 위해 재벌들에게 시중의 은행 자금을 몰아주었
고, 이에 대부분의 중소기업과 서민들은 사채에 의존할 수밖에 없었다. 그러다가 민주
화 및 외환위기를 거치면서 정경유착이 아닌 다른 이유, 특히 무분별한 카드 발급의
여파로 고리사채가 활성화되었다.

고리사채의 고통,
왜 서민들은 봉이 되었나

최근 정부의 발표에 따르면 2012년 6월 말을 기준으로 등록 대부업자의 이용자 수는 2006년에 비해 약 100만 명 이상 증가한 252만 2천명 정도라고 한다. 여기에 무등록 대부업자를 이용한다거나 과거에 등록된 업자였다가 무등록으로 바꾼 대부업자를 이용한 사람들의 수를 더하면 한국 사회에서 최소 500만 명 정도가 2000년 이후 대부업자를 통해 돈을 빌렸다고 보고 있다. 그런데 대부업자란 호칭만 그럴싸하게 바뀌었을 뿐 다름아닌 사채업자이다.

사람들이 은행이 아닌 사채를 이용하는 이유는 은행 대출이 쉽지 않기 때문이다. 신용등급이 6등급 이내로 좋아도 금융권 거래 실적이 낮거나 각종 소득증빙서류를 낼 수 없는 상황에는 돈이 긴급히 필요할 때 이자율이 높아도 어쩔 수 없이 사채를 이용할 수밖에 없다. 신용등급이 나쁘다면 다른 선택의 여지가 없기 때문에 사채업자의 살인적인 이자율을 알고서도 사채를 빌려 쓰고 있다. 특히 사채업자는 상환 능력이 없는 사람에게 돈을 빌려주고 높은 연체료를 부과하는 약탈적 대출을 일삼고 있어 큰 문제가 되고 있다.

현재의 사채 시장

과거에는 기업을 운영하거나 자영업을 하는 사람들이 사채를 많이 썼으나 최근 들어 이에 더해 주부와 대학생이 사채를 쓰는 경우 역시 많아졌다고 한다. 대부업체 즉 사채업자가 일반 서민들의 삶에 어느 때보다 더 깊숙이 들어와 있는 셈이다. 주부의 경우 소득이 없기 때문에 금융권 대출을 받기 힘들지만 대부업체의 경우 주부 본인의 신용등급과 남편의 소득수준 등을 토대로 대출심사를 하기 때문에 돈을 빌리기가 훨씬 쉽다. 주부의 경우 70% 이상이 생활비 용도로 사채를 쓴다고 한다. 대학생의 경우 대부분 등록금 및 생활비 때문에 사채를 쓰지만 상환능력은 주부 보다 더욱 떨어져 사채로 인해 신용불량자가 양산되고 있는 상황이다. 한국장학재단에 따르면 대학생학자금대출로 인해 신용유의자(신용불량자)가 된 경우는 2008년

1만 250명, 2009년 2만 2,142명, 2010년 2만 6,200명으로 매년 1만여 명씩 늘고 있다.

　사채업자의 고리사채를 이용했다가 삶이 망가지는 경우 역시 최근 급증하고 있다. [그림11]에서 보이는 바와 같이 최근 5년간 금융감독원 사금융피해상담센터에 접수된 사금융 피해 신고는 2007년 3,421건에서 2012년 9월 7만 3,323건으로 무려 21배 이상 증가했다. 그렇지만 피해 민원이 실제 수사로 이어지는 경우는 2008년 이후 3.8%에 불과하다. 국가에서 대부업은 금융업으로 간주하지 않기 때문에 관리 및 감독을 지방자치단체에 맡기고 있는데 관련 공무원이 1명당 평균 260개 업체를 맡고 있어서 사실상 관리 부재의 상황에 놓여 있다.

[그림11] 금융감독원 사금융 피해 민원접수 현황 추이

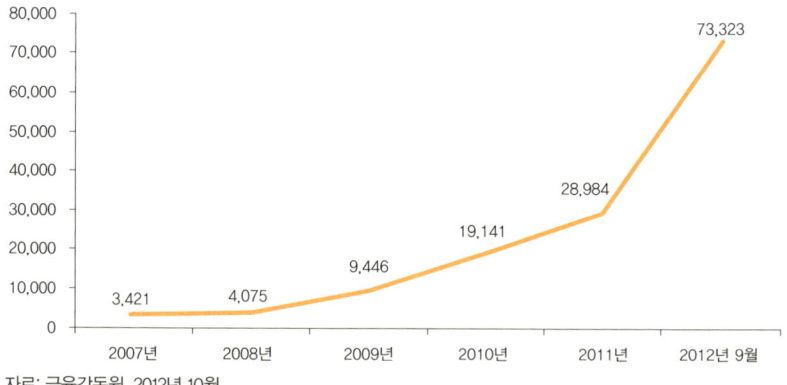

자료: 금융감독원, 2012년 10월

사채업이 이렇게 대규모로 활성화된 곳은 OECD 국가 중 우리나라밖에 없다. 전 세계를 놓고 보더라도 한국만큼 '합법적인' 고리사채가 서민들의 삶을 옥죄는 나라는 없다고 한다. 이 같은 사태를 야기한 역사적 배경을 살펴보면 재벌에 대한 특혜가 그 안에 있다.

은행 돈은 재벌이, 사채는 서민이

이승만 정부 때부터 제도권 금융기관의 자금은 재벌이 독차지했다. 이승만이 집권한 12년은 부정 선거의 연속이었고 이를 위해 필요한 자금은 모두 재벌로부터 조달되었다. 그 대가로 엄청난 이권과 특혜가 재벌에게 돌아갔다. 예컨대, 정부는 미국으로부터 받은 달러를 재벌들에게 융자해주었다. 1953년을 기준으로 공정 환율이 60환대 1달러였으며, 시중 시세는 180환대 1달러였다. 원조달러를 융자받으면 바로 세 배로 돈을 벌 수 있었다. 또한, 당시 극심한 인플레이션 상황이었지만 금리(이자율)는 20% 이상 올릴 수 없게 상한선을 그어 놓았기 때문에, 돈을 빌리면 이자율이 물가인상률 보다 낮아 무조건 이익이었다. 결국 은행 대출은 사실상 재벌에 대한 지원금의 역할을 했다. 이승만과 정권 실세가 지정하거나 허가한 기업이 아니면 은행 대출을 받을 수 없었기 때문에 일반 중소기업과 서민들은 사채시장에서 급전을 융통할 수밖에 없었고, 그 결과 사채시장이 급격하게 커갔다.

재벌들은 은행으로부터 대출을 받으면 꼭 감사의 표시를 해야 했고 이는 점점 리베이트 관행으로 굳혀졌다. 예를 들어, 1954년과 1958년의 총선 자금을 위해 여당은 기업이 은행에서 자금을 대출 받으면 융자 액의 20~30%를 리베이트로 가져갔다. 대신 기업가는 제품 가격을 올려 그 손해를 전가했다. 예를 들어, 시멘트의 경우 당시 원가는 수입 가격과 비슷한 수준인 1포대에 500환이었으나, 정부는 국내 시멘트 산업을 보호 및 육성 한다는 명목으로 수입 시멘트에 높은 관세를 매겨 수입 억제를 유도하면서 국내 시멘트 제조업체에게는 1포대에 1,200환에 팔게 했다. 한국 사회의 고질적 부정부패의 대명사인 '정경유착'이 뿌리를 내리게 되었고, 그 희생자는 은행 대출을 받을 수 없었던 중소기업과 서민, 그리고 비싼 제품을 사야만 했던 소비자들이었다.

박정희 정부 시대에도 정경유착은 계속 되었다. 중앙은행인 한국은행은 재무부의 강력한 통제하에 있었고, 정부는 이자율, 환율, 외환 보유고 등을 엄격하게 규제했다. 또한, 시중 은행들을 국유화하면서 대주주로서 은행 경영 전반에 강력한 통제를 가했다. 이를 통해 정부는 경제 정책의 집행 과정에서 은행신용 및 외자 분배를 마음대로 할 수 있었다.

박정희 정부 초기 예금금리는 연 10%, 대출금리는 연 16%, 물가 상승률은 월 34%에 달했다. 은행에서 돈을 빌리기만 하면 그 자체로 막대한 부를 쌓을 수 있었고, 은행문은 거의 재벌들에게만 열려 있었다. 1964년 8월 기준, 전체 화폐 발행고 214억 원의 82%에 해당하는 176억 원이 아홉 개 그룹에 집중적으로 대출되었다. 은행 대출을 받지 못한 대부분의 기업들은 사채시장에 의지할 수밖에 없었고 많은 기업들이 살인적인 사채 이자율에 대한 부담으로 줄줄이 도산했다.

1965년 정부는 수출을 본격적으로 지원하기 위해 다양한 조치를 취했다. 우선, 민간 자금을 끌어들이기 위해 국내 저축을 활성화시킨다는 명목으로 은행 예금 금리는 연 30%, 일반 대출 금리는 연 26%로 인상시켰다. 그러면서도, 수출 특별 융자의 이자율은 6%로 수출 소득에 대해서는 80%의 세금 감면을 해주었다. 당시 사채 이자율은 60~70% 였기 때문에 일반 대출 금리로 돈을 빌릴 수 있다면 수수료 등을 제하고서도 2배 이상의 이윤을 거둘 수 있었으며, 만약 수출 특별 융자를 받는다면 당장 10배 이상의 이윤을 거둘 수 있었다. 일반 대출 금리로 돈을 빌릴 수 있는 기업의 대다수, 수출 특별 융자를 받을 수 있는 기업의 전부는 재벌들이었기 때문에 재벌들은 이를 통해 막대한 부를 쌓았다.

또한, 1964년 5월 수출 촉진을 위해 한국의 통화는 미화 1달러에 대해 130원에서 255원으로 평가절하되었고, 당시 국제 금리는 10%

를 밑도는 상황이었기 때문에 외국자본(외자)을 받는다는 것은 그 자체로 노다지를 의미했다. 정부는 외자도입의 인·허가권을 쥐고 있었으며, 민간 차관이라 해도 정부가 원리금 지불을 보증해야 하는 상황이었기 때문에 정부의 영향력은 매우 강력했다. 정부의 외국자본 도입 적격자를 가리는 선정 기준의 하나가 기업의 국내자본 조달 능력이었다. 그렇지만 실제로는 국내자본을 조달할 능력이 없더라도 향후에 외국자본을 받아 건설할 시설을 후취담보로 하여 국내은행에서 자본을 조달할 수 있었기 때문에 자본력이 아닌 정치력이 더 우선시 되었다. 즉, 정치 헌금을 누가 더 제공하느냐가 중요했다. 1966년 현금 차관 200만 달러가 처음 인가된 후 불과 2년 사이에 무려 21억 4,700만 달러의 현금 차관이 도입되었다. 이때 정경유착을 통해 거액의 외국자본을 도입한 삼성, 락희(럭키), 한국화약(현 한화), 쌍용, 한진, 한국나일론(현 코오롱) 등은 수년 만에 엄청난 규모의 자본을 축적했다.

그 결과 1965년부터 기업의 축적 자금에서 기업 내부자금 보다 외부자금(민간 자금+외국자본)의 비중이 점점 커져갔다. 다음의 [그림 12]의 설비자금 조달 형태 추이를 보면, 1965년까지는 64.6대 35.4로 내부자금의 비중이 컸으나 곧 역전 당해 이후 외부자금의 비중이 훨씬 커지게 된다.

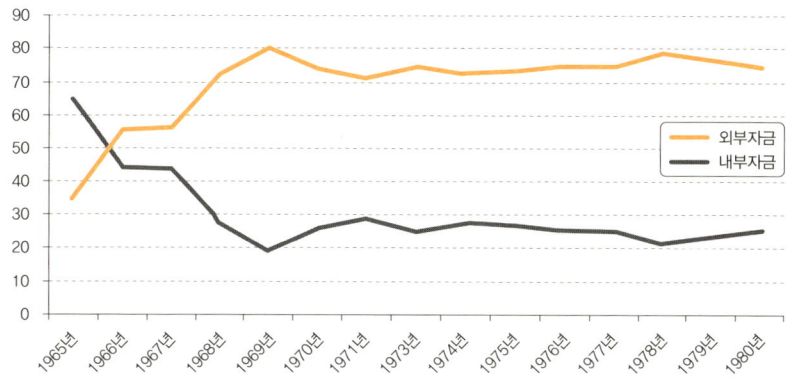

[그림12] 기업 설비자금 조달 형태 추이

자료: 한국산업은행, 각호; 1972년 자료는 누락

　전체 민간 기업 중 외부자금을 받을 수 있었던 기업은 몇몇 재벌들로 한정된 점을 감안하면, 그들 재벌 기업의 경우 투자 자금의 거의 대부분을 외부자금으로 충당했다고 보아야 한다. 그리고 민간 자금과 외국자본이 소수의 재벌 기업에 몰리는 동안 다른 기업들과 일반 서민들에게 은행 대출은 꿈도 꾸지 못하는 상황이 되었다. 그들은 돈이 긴급하게 필요한 경우 사채에 의존할 수밖에 없었고 은행 이자율보다 최소 2.5배 이상의 훨씬 높은 이자율을 감당해야 했다.

　1960년대 후반부터 경제개발이 본격화되고 기업의 자금 수요가 급증하면서 사채시장이 더욱 활성화되었다. 중소기업들은 자금 조달의 약 80%를 차입에 의존했으며 그중 대부분이 사채였고, 재벌들의 경우 은행으로부터도 대출을 받았으나 계열사 확장 등의 이유로 자금이 더욱 필요해지자 그들 역시 사채를 얻어 쓰기 시작했다. 1960년대 말이 되면 기업형 사채업체까지 등장했다. 당시 가장 큰 규모를 자랑했던 명동의 사채시장에는 100여 개의 사채업체가 몰려 있었고 그들은 기업의 경영상태와 재무상태를 점검하는 상근 직원들까지 고용하고 있었다.

8.3조치와 사금융 양성화

1970년대로 접어들면서 독일과 일본의 제품들이 미국 제품의 경쟁자로 떠오르고 미국 자체도 월남전에 너무 많은 비용을 지출하면서 미국 경제가 어려워지자, 주로 미국에 수출하던 국내 기업들의 수출 전선에 먹구름이 끼기 시작했다. 수출이 어려워지자 자금 흐름에 이상이 생기면서 기업들이 사채 이자를 감당하기 힘든 상황에 빠지게 되었다. 그러자 전경련은 청와대에 대통령 면담을 요청했다. 얼마 후인 1972년 8월 2일 밤 11시 40분, 정부는 야간 통행금지를 20여 분 앞두고 기업의 사채동결 조치를 포함한 '경제의 안정과 성장에 관한 긴급명령'(소위 8.3 조치)를 발표했다.

8.3 조치의 주요 내용은 다음과 같다. 첫째, 기업과 사채권자의 모든 채권채무 관계는 72년 8월 3일을 기준으로 무효화되며, 새로운 계약으로 대체한다. 채무자가 신고한 사채를 3년 거치 5년 분할 상환

하되 이자는 월 1.35%(연 16.2%)로 제한하는 한편 사채업자가 원하면 출자로 전환할 수 있도록 했다. 둘째, 정부가 2천억 원을 마련해 기업이 은행에서 빌린 단기고리 대출금의 일부를 연리 8% 장기저리 대출로 대체해준다. 셋째, 사채를 제도금융으로 유도하기 위해 '단기금융업법,' '상호신용금고법' '신용협동조합법'을 제정한다.

그 결과 사채를 빌려 쓴 기업들은 1972년 8월 3일부로 3년간은 돈을 갚지 않아도 되었고, 그 이후 5년에 걸쳐 이전보다 1/3 수준의 낮은 이자를 내면서 천천히 갚아나갈 수 있었다. 이는 사채를 쓰고 있던 대다수 기업들에게 정부가 제공한 초법적인 특혜였다. 당시 정부는 "기업의 건실한 성장 없이는 경제발전과 국민생활의 향상을 기대할 수 없기 때문에 이 같은 긴급조치를 취하게 되었다"면서 8.3 조치를 정당화했다.

당시 사채업자들은 정부가 정한 수준 이상의 이자를 받고 있었기 때문에 정부가 마음만 먹는다면 얼마든지 처벌받을 수 있었다. 그렇기 때문에 8.3 조치로 인해 받게 된 불이익에 대해 공개적으로 비판할 수 없는 처지였다. 대신, 정부는 사채업자들을 달래기 위해 사금융을 양성화하는 하는 조치를 마련해 주었고, 그 결과 단자회사(투자금융회사) 및 상호신용금고가 신설되었고 신용협동조합이 활성화되었다. 이들은 제2금융권으로 기능하면서 적법하게 은행보다 높은 이자를 받을 수 있게 되었다.

그런데 8.3 조치를 실행하는 과정에서 뜻밖의 상황이 발생했다. 신고사채의 1/3에 가까운 1,137억 원이 자기 기업에 사채놀이를 한 기업주의 '위장사채'인 것으로 밝혀진 것이다. 사채의 높은 이자율을 감당할 수 없어 부도위기에 직면해 있다고 아우성치던 많은 기업주들이 뒤로는 위장사채를 운영하고 있었던 것이다. 정부를 통해 은행 대출과 수출 특별 융자를 받고 있었던 기업들 상당수가 그 돈으로 사채놀이를 하고 있었던 사실에 정부 관계자들 역시 아연실색했다.

대부업의 합법화

8.3 조치와 같은 시련에도 불구하고 사채업은 이후 1993년의 금융실명제로 잠시 주춤한 것을 제외하면 꾸준히 성장하였다. 기본적으로 제도권 금융기관의 자금 대출을 기업, 특히 재벌들이 거의 독차지했기 때문에 돈이 긴급히 필요한 서민이나 자금사정이 좋지 않은 자영업자 및 중소기업의 경우 사채 말고 급전을 융통할 수 있는 길이 없었다. 그러다가 외환위기를 계기로 사채업은 급속히 팽창하게 된다.

재벌들이 투자를 위해 외국으로부터 많은 자금을 무리하게 끌어쓰느라 촉발된 외환위기는 은행을 포함한 많은 제도권 금융기관들을 파산상태에 이르게 했다. 이러한 상황에서 은행들은 기존 대출의 상환에 목을 매면서 신규 대출을 극도로 자제하게 되었다. 결국 시중에 돈이 부족하게 되었고, 정부는 IMF의 권고에 따라 자원의 효율적 배분이라는 명목으로 당시 40%였던 이자제한을 폐지하여 고리사채가 공식적으로 합법화되었다. 그 결과 고금리나 채권추심 등을 처벌할 수 없게 되자 사채 이용자의 피해가 눈덩이처럼 불어났다.

재벌들의 캐피탈 회사들이 본격적으로 서민 대출에 나서기 시작한 시점도 이 무렵이다. 신용이 높은 사람들은 은행을 이용하기 때문에, 주로 신용이 높지 않은 사람들을 대상으로 대출 업무를 수행한 캐피탈 회사들은 은행보다 훨씬 높은 이자율로 돈을 빌려 줬다. 특히 연체자에 대해서는 일반 은행 이자율의 7~8배에 달하는 살인적인 이자율을 적용하면서 신용불량자 양산에 일조했다. (현재에도 캐피탈 회사들은 연체자에 대해서는 법정 상한 이자율을 부과하면서 일반 사채업자와 다름 없는 높은 이자를 받아 챙기고 있다.)

뒤늦게 2002년 7월 정부가 '대부업의 등록 및 금융이용자보호에 관한 법률'(약칭 대부업법)을 통과시킬 당시 불법 사채업자의 평균 이자율은 무려 연 210%에 달했다. 대부업법을 통해 정부는 법정 상한 이자율을 연 66%로 제한하고 각종 불법 채권추심 행위를 금지했으며, 대부업자는 의무적으로 지방자치단체에 등록하도록 했다. 이때부터 사채업자는 더 이상 불법이 아닌 적법한 '대부업자'로 국가로부터 인정받았다. 정부는 대부업법을 통해 불법 사채업을 양지로 끌어내고자 했으나, 대부업자 자격 기준을 따로 두지 않아 신용불량자도, 수중에 돈이 한 푼도 없는 사람도 누구나 대부업자가 될 수 있었다. 대부업은 이자 몇 달치만 받아도 애초 빌려준 원금을 회수할 수 있었기 때문에 너도나도 대부업에 뛰어들게 되어 오히려 대부업자, 즉 사채업자를 양산하는 계기도 되었다.

법정 상한 이자율은 이후 2007년 49%, 2010년 44%, 2011년 39%로 점차 낮춰졌다. 이렇게 법정 이자율이 낮춰지자 대부업체들의 음성화가 진전, 즉 지방자치단체에 등록을 하지 않고 영업하는 불법 사채업자들의 수가 급증하게 되었다. 지금 길거리에서 흔히 볼 수 있는 많은 사채 광고 중 상당수가 불법 사채업자 광고라고 한다. 그렇다고 등록 대부업체가 줄어든 것도 아니다. 등록된 대부업체 역시 2008년 말 1,199개에서 2011년 말 1,625개로 3년 사이 35.3% 늘었다.

그런데 이웃나라 일본의 법정 상한 이자율은 1991년 40%였다가 2000년에 29.2%, 2010년부터는 20%로 낮춰졌다. 예컨대, 2005년의 경우 한국의 법정 상한 이자율은 66%였고 일본의 경우는 29.2%였기 때문에 그 차이가 무려 36% 이상이었다. 이에 따라 2000년 이후 일본 대부업체들이 대거 한국 시장에 진입하게 되었다. (반대로 20년 사이 법정 최고 이자율이 절반 수준으로 떨어지자 일본 내 등록 대부업체 수는 급감했다.) 2012년 국정감사 자료에 따르면 대출잔액 상위 대부업체를 조사한 결과 러시앤캐시, 미즈사랑, 원캐싱 등을 자회사로 갖고 있는 에이앤피파이낸셜대부㈜가 전체 대출채권의 28.2%를 차지함으로써 1위를 차지했으며, 산와머니의 산화대부㈜가 19.4%로 2위를 차지했다. 둘 모두 일본계 대부업체이다. 러시앤캐시는 한국 진출 12년 동안 총 6,231억 원을, 산와머니는 9년 동안 총 6,524억 원을 벌었다. 특히 러시앤캐쉬의 경우 하나은행, 농협, 우리은행, 신한은행등이 저금리(6.41~10.5%)로 종자돈을 빌려주어 한국 진출을 도왔다고 한다.

재벌 카드사가 촉발한 카드대란

무엇보다 외환위기 이후 사채가 보다 활성화된 가장 큰 이유로 무분별한 신용카드 발급을 들 수 있다. IMF는 금융규제 완화를 요구하면서 그 안에 신용카드 관련 규제 완화도 함께 요구했고, 정부는 내수 부진을 탈피하고 소비를 진작시킬 차원에서 이에 동의하여 1999년부터 신용카드 발급을 이전보다 훨씬 용이하게 만들었다. 이 조치에 대해 삼성, LG, 현대, 롯데를 위시한 재벌들이 만든 신용카드사들이 가장 먼저 반응했다. 은행에서는 여전히 카드를 발급받을 때 제출 서류도 많이 요구했고 발급 자체도 매우 까다로웠으나, 재벌들이 본격적으로 나시면서 신용조회 없이 거의 무작위로 카드가 발급되었다. 그 결과 소위 '카드대란'이 발생하면서 2004년 8월을 기준으로 신용불량자가 500만 명에 육박하면서 전체 경제활동인구 5명 중의 한 명이 신용불량자가 되는 상황에 놓이게 되었다.

무적격자가 신용카드를 발급받은 후 고리사채를 사용하게 되는 과정을 예로 들자면 다음과 같다. 처음에는 매월 결제일에 충분히 갚을 수 있을 만큼 쓰다가 씀씀이가 점차 늘어나게 되면 자신의 빈약한 수입으로 결제를 할 수 없게 된다. 그러면 신용카드 하나의 결제를 하기 위해 다른 카드의 현금 서비스를 받게 되고, 곧이어 다른 신용카드를 발급받아 또 '돌려막기'를 하게 된다. 점점 더 높은 이자를 내야 하기 때문에 빚을 갚기는 더욱 어려워지고 그러면서 빚이 처음보다 두 배, 세 배, 많게는 열 배 이상 늘어나게 된다. 돌려막기를 하는 과정에서 신용 등급이 이미 상당히 내려간 상태이기 때문에 담보가 없는 상황이라면 은행으로부터 대출을 받아 빚을 갚는 것을 불가능하다. 직장인이라면 30%대의 이자를 내고서라도 제2금융권이나 대부업체를 이용할 수 있지만, 직장인이 아니라면 또는 직장인이라도 비정규직이라면 돈을 빌릴 수 있는 곳은 사채업자들 밖에 없다. 결국 카드 연체금을 대신 갚아준다는 사채업자에게 연락하게 되고, 사채를 쓰게 되면서부터는 정상적인 삶을 살아갈 수 없을 정도로 사채업자들로부터 시달리게 되는 것이다.

무분별한 카드 발급으로 신용카드사들 역시 급격하게 부실화되었으나 이는 정부가 수조 원의 자금을 투입하면서 구제해 주었다. 특히 정부 자금의 전체 50% 가까이를 삼성카드와 LG카드가 지원받았다. LG카드의 경우 공격적인 영업으로 2002년 카드사 중 최초로 천만 명의 고객을 유치했으나, 2004년 경영 악화가 심해지면서 LG그룹은

LG카드에서 손을 떼게 되었다. (이후 LG카드는 신한금융그룹에 넘어가 신한카드와 통합되었다.)

시중은행들이 저금리로 서민들에게 돈을 대출해 준다면 현재의 고리사채 문제가 다소나마 해결될 수 있겠지만, 외환위기 당시의 대규모 해고 사태를 포함한 구조조정을 거친 후의 은행들은 부실화를 피하기 위해 담보·보증이 있거나 신용등급이 매우 높지 않으면 대출해 주지 않고 있다. 지금 서민들에게 은행문이 굳게 닫혀지게 된 원인이다. 반대로 재벌들은 은행 돈을 제 돈인 마냥 쓰고 있다. 그들은 전국 각지에 사둔 부동산으로 담보를 잡거나 계열사간 상호지급보증을 통하여 은행 자금을 낮은 이자율로 빌려 쓰고 있는 상황이다.

정리하자면, 한국 사회의 고리사채는 정경유착의 산물이었다. 과거 정부는 정치·경제적 필요성을 위해 재벌들에게 시중의 은행 자금을 몰아주었고, 이에 대부분의 중소기업과 서민들은 사채에 의존할 수밖에 없었다. 그러다가 민주화 및 외환위기를 거치면서 정경유착이 아닌 다른 이유, 특히 무분별한 카드 발급의 여파로 고리사채가 활성화되었다. 재벌들은 카드대란의 직접적 원인 제공자 중 하나였지만 정부가 국민 세금으로 지원해 준 덕분에 오히려 이익을 얻었지 별 손해를 입지 않았다. 현재 대부분의 중소기업과 서민들에게 은행문은 여전히 굳게 닫혀 있지만 재벌들은 부동산 담보와 계열사간 상호지급보증 등을 통해 과거 정경유착 시기와 마찬가지로 낮은 이자를 지불하면서 은행 자금을 손쉽게 빌려 쓰고 있다.

월남전, 누구를 위해
흘린 피였는가

계산해 보면 월남전 파병용사 1인당 약 1만 7천 달러씩 한국 경제에 기여했다고 한다.
당시 1인당 국민소득이 200달러 안팎이었음을 고려할 때 실로 엄청난 수준이다. 그런
데 수혜의 대부분은 파병용사와 가족이 아닌 재벌들의 몫으로 돌아갔다.

월남전,
누구를 위해 흘린 피였는가

한국군의 월남전 파병에 대한 처음의 논의는 1961년 11월 한미 정상회담에서 국가재건회의 최고의장이었던 박정희가 케네디 대통령에게 먼저 제의함으로써 시작되었다. 당시에는 미국이 월남전에 본격적으로 관여하기 전이라 별다른 진전 없이 케네디의 거절로 일단락되었다. 그러나 박정희는 1962년 5월 12일 비밀리에 월남으로 군사시찰단을 파견하는 등 구체적인 파병 방안까지 마련하면서 한국군의 월남전 파병이야말로 달러가 필요했던 한국 경제, 그리고 쿠데타로 정통성이 약한 정권의 두 가지 난국을 한꺼번에 해결할 수 있는 기회로 여기고 있었다.

월남전 참전과 피해

본격적인 파병 논의는 1964년 존슨 대통령이 미국 내 반전 여론이
비등한 가운데 월남에서의 전세가 확대되자 한국을 포함한 우방국
25개 국에 월남전 지원 요청 서한을 보내면서부터였다. 한국이 긍정
적인 신호를 보내자 공식적으로 1964년 7월 15일 월남 정부의 팜당
란 외상이 이동원 외무부 장관 앞으로 한국군 파병요청서를 보내고
정부는 이를 수락하는 형식을 취하면서 그해 9월 11일 처음으로 의
무 요원과 태권도 교관 요원을 월남에 파견했다. 같은 해 12월 28일
브라운 주한 미국 대사가 박정희 대통령을 방문하여 한국군 증파를
요청했고, 이에 1965년 2월 25일 육군 공병대대, 수송중대, 경비대대,
해병중대 등 약 2천 명을 파견하면서 전투병 파병이 개시되었다.

한국은 공식 통계상 미국 다음으로 가장 많은 총 32만 5,517명을
파병했다. 그런데, 이 수치를 미국과 비교하면 전체 인구 대비 미국보
다 오히려 더 많은 병력을 파견한 셈이 된다. 다음의 [표20]에 나타
낸 바와 같이, 파병 인원 가운데 약 5천 명이 사망했고, 1만 1천 명
이상이 부상을 당했다.

[표20] 한국군 월남전 참전 인원 및 피해 상황

(단위: 명)

| 참전인원 | 사망자 | | | | 부상자 | | | 실종자 |
	전사	순직	기타	합계	전투	비전투	합계	
325,517	4,601	272	226	5,099	8,380	2,852	11,232	4

자료: 국방부 국사편찬연구소.

월남전 파병 인원들은 전쟁 후 집에 돌아왔지만 상당수가 정상적인 생활을 할 수 없었다. 특히 많은 참전용사들이 각종 정신질환 및 고엽제의 후유증에 시달렸다. 한국군에게 피해를 당한 베트남 사람들 역시 악몽을 떨치지 못했지만, 다행스럽게도 최근 들어 한류로 대표되는 한국 문화가 인기를 끌면서 한국인에 대한 악감정이 상당히 누그러졌다고 한다.

위의 피해사례 중 대표적인 PTSD(외상 후 스트레스 장애)와 고엽제 후유증을 간략히 설명하면 다음과 같다. PTSD는 전쟁, 고문, 사고 등 극단적인 사건을 경험한 후 나타나는 불안 장애를 뜻하며 헛것이 보이거나 비명 소리가 들리는 등의 증상을 수반한다. 미국은 월남전에 의한 PTSD에 적극적으로 대처하면서 약 150만 명에게 정신과 치료를 받게 했지만, 그중 2만여 명이 자살을 택했다. 그러나 한국에서는 정부에서 치료는커녕 어떠한 보상도 해주지 않고 있다.

전쟁 후유증과 맞바꾼 월남 특수

고엽제 후유증 문제는 더욱 복잡하다. 미군은 월남전 당시 정글에서 게릴라 작전을 펼치는 월맹군을 물리치기 위해 정글의 나무와 잎사귀, 풀포기까지 말려 죽이는 고엽제를 뿌렸다. 그런데 그 고엽제에 다이옥신 성분이 함유되어 인체에 치명적인 영향을 미치는 것으로 밝혀졌다. 1960년대 후반부터 미국을 비롯한 유럽, 호주 등에서는 고엽제 유해 논쟁이 뜨거웠지만 한국에서는 정치적 문제로 고엽제의 치명성이 전혀 알려지지 않았다. 월남전을 추진한 박정희, 직접 월남전에 참가한 전두환, 노태우 대통령 모두 고엽제 문제에 대해 침묵을 종용했다. 결국 노태우 정부의 레임기였던 1992년 2월 13일 경향신문의 특집 기사로 고엽제 피해가 알려진 후 한국 사회가 발칵 뒤집어졌다. 참전군인 중 상당수인 12만 명 이상이 고엽제 후유증을 앓으면서도 정확한 발병 원인을 몰랐고 병원에서도 원인 불명으로 간주하여 적절한 치료를 해주지 못했기 때문에 그들은 정부에 분노하지 않을 수 없었다.

월남전 파병용사들의 이러한 희생을 바탕으로 한국은 막대한 경제적 이득을 거둘 수 있었다. 1966년 3월 한국 정부는 월남전 파병에 대한 보상 조치로 미국측과 '브라운 각서'를 맺었다. 전체 14개 항으로 이루어진 이 각서의 주요 골자는 다음과 같다.

1) 추가파병에 따른 비용은 미국 정부가 부담한다.
2) 한국군 장비의 현대화를 지원한다.
3) 주한미군용 물자의 상당 부분을 한국에서 조달한다.
4) 베트남 주둔 한국군을 위한 물자와 용역은 가급적 한국에서 조달한다.

5) 베트남 현지의 각종 사업에서 한국인 업자를 참여시킨다.

6) 한국에 추가로 원조 및 군사 차관을 제공하고, 베트남 및 동남
아시아로의 수출 증대를 가능하게 할 차관을 추가로 대여하며,
기타 경제개발 목적에 사용하기 위한 신규 차관을 제공한다.

브라운 각서에 따라 본격적으로 한국의 '월남 특수'가 시작되었고
가장 큰 수혜자는 재벌들이었다. 예컨대, 베트남에서 직접적으로 획
득한 총 외화는 8억 7,250만 달러였으나 그중 국군 장병들의 총 송
금액은 1억 7,830만 달러로 전체의 1/5에 불과했다. 나머지 4/5는 한
국의 재벌들이 현지에서 벌어들인 돈이다. 또한, 미국의 후원으로 다
른 동남아시아 국가의 건설 사업 등에 진출할 수 있었고, 미국 본토
로의 직접 수출에 있어서도 한국 재벌들은 큰 혜택을 받았다. 경제
학자들은 월남 특수로부터 거둬들인 총 경제적 이득을 50억 달러
이상으로 추정하고 있다. 이는 14년간의 교섭 끝에 한일협정으로 얻
어낸 8억 달러에 비해서도 엄청난 금액이다.

재벌 성장의 분수령이 된 베트남 진출

구체적으로 국내 기업의 본격적인 베트남 진출은 1966년 3월 한
진상사가 725만 달러 규모의 항만 하역 및 운송 계약을 체결하면서

부터 시작되었다. 한진은 이전까지만 해도 국내에서 미군 물자를 운송하는 트럭업체에 불과했다. 1965년 경제시찰단으로 베트남을 방문했던 한진의 조중훈 회장은 퀴논의 항구에 30여 척의 배가 하역 대기 중인 모습을 보고 사업을 구상하다가 브라운 각서가 체결되는 시점에 맞춰 발 빠르게 움직였다. 곧바로 주한 미군의 알선으로 퀴논에 주둔 중인 미군 2개 사단과 한국군 맹호부대 1개 사단에 대한 군수물자의 하역과 운송을 맡으면서 엄청난 이득을 보았다. 사업에 필요한 트럭 180대와, 예항선이나 바지선과 같은 장비들은 일본의 미군 군납업자인 오사노 겐지에게 부탁해 조달했다. 수송 트럭이 월맹군의 기습 공격을 받는 일이 빈번했지만 위험부담이 큰 만큼 수익성도 좋았다. 그곳에서 맡은 일들을 척척 해내자 한진은 이후 연속적으로 미군과 계약을 체결할 수 있게 되었다.

한진은 이후 1971년까지 5년 동안 누계 1억 5천만 달러를 벌어들이면서 일거에 한국에서 가장 많은 현금을 보유한 기업이 되었다. 당시 한국은행의 가용 외환 규모가 수천만 달러에 불과했다는 사실을 감안하면 엄청난 액수라 할 수 있다. 당시 한진은 해마다 외화 획득 우수업체로 선정되어 수출의 날 '최고상 최다 수상'의 대기록을 남겼다. 베트남에서 번 돈을 바탕으로 1960년대 말 동양화재보험, 한일개발, 한국공항 등을 인수했고, 1969년 3월에는 경영난으로 허덕이던 국영기업인 대한항공공사를 사들여 대한항공으로 이름을 바꿨다.

현대건설 역시 초기부터 베트남에 진출했다. 1966년 1월 미군은 캄란만 건설 공사를 발주했는데 현대는 준설공사 경험자가 한 명도 없음에도 불구하고 공사를 따냈다. 현대는 계약한 지 한 달 만에야 일본에서 준설선을 조달하고 현지 기능공들을 준설공사에 동원하면서도 예정보다 일찍 공사를 끝내 미군을 놀라게 했다. 덕분에 현대는 이후 다른 대규모 공사들도 경쟁자들을 물리치고 따낼 수 있었다. 또한 현대는 나트랑, 퀴논, 캄란 등에 7개의 세탁 공장을 설치하여 세탁 사업도 병행하는 등 베트남 진출 첫해부터 적극적으로 움직여 막대한 수익을 올렸다. 현대는 이때 번 돈으로 그간 자금 사정이 안 좋아 방치했던 단양 시멘트 공장을 확장하고 자본금 5천만 달러의 현대자동차를 설립하는 등 그룹 도약의 전기를 마련했다.

삼환기업의 경우 미군의 월남전 참전 이전인 1963년 이미 사이공에 베트남 지사를 설립했다. 이는 기록상으로는 국내 건설업체로서는 처음으로 설립된 해외지사였지만 얼마 못 가 이렇다 할 성과 없이 문을 닫았다. 그러다가 한국군의 월남 파병이 시작된 이후 주베트남 한국군사령부 청사의 신축공사를 맡으면서 성공적으로 부활했다. 이후 베트남 철수 전까지 삼환기업 역시 수백만 달러의 건설 실적을 올렸다.

현대건설과 삼환기업의 뒤를 이어 경남기업, 한양건설, 대림산업, 고려개발, 공영토건 등 79개에 달하는 국내 건설업체들이 베트남에 진출하여 떼돈을 벌었다. 이와 함께 삼성, 효성물산, 동아무역, 삼양사, 삼호무역, 대한농산, 신선무역, 영농상사, 삼도물산, 정금물산, 동화산업, 천우사, 대한농산 등의 무역업체들도 베트남 특수로 많은 돈을 벌 수 있었다. 이밖에 빙그레의 전신인 대일유업의 경우 베트남 미군 부대 앞에 트럭을 몰고 가 그 위에서 아이스크림을 만들어 파는 것으로 돈을 벌었다. 베트남 철수 후 대일유업은 당시 벌어들인 돈과 함께 아이스크림 기계를 국내로 들여와 빙과업체로 큰 성공을 거두게 된다.

운송업체, 건설업체, 무역업체가 주로 월남 특수를 누렸지만 다른 사업 분야의 한국 기업들 역시 직간접적으로 많은 수혜를 입었고, 그 결과 1966년부터 1971년까지의 기간 동안 한국 주가지수는 300% 이상 상승했다.

특히 건설업체의 경우 베트남에서의 토목공사 경험은 이후 해외 진출의 큰 밑바탕이 되었다. 당시만 해도 국내 건설업체들은 모두 대형공사의 경험이 없는 상태였기 때문에 '브라운 각서'의 도움으로 쉽게 공사를 따내고, 그리고 나서 노하우를 배우는 사업 방식을 취했다. 어떻게 보면 매우 무모한 사업방식이었지만 결론적으로 많은 것을 배울 수 있었다. 베트남에서 항만, 도로, 주택, 군사시설 공사 등을 수행하면서 미국 건설업체로부터 배운 노하우는 이후 1970년대 중동 진출의 교두보 역할을 했다.

계산해 보면 월남전 파병용사 1인당 약 1만 7천 달러씩 한국 경제에 기여했다고 한다. 당시 1인당 국민소득이 200달러 안팎이었음을 고려할 때 실로 엄청난 수준이다. 그런데 수혜의 대부분은 파병용사와 가족이 아닌 재벌들의 몫으로 돌아갔다. 뿐만 아니라 재벌들은 월남 파병에 따른 후속 조치로 미국의 도움 하에 수출 시장을 적극적으로 개척할 수 있었기 때문에 한국군의 월남전 파병은 재벌 급성장의 분수령이 되었다. 그렇지만 개인적으로 아직까지 재벌들이 전쟁 후유증으로 고생하고 있는 월남전 파병용사를 위해 따로 어떤 금전적인 도움을 주었다는 것을 들어본 적이 없다. 대신 재벌 총수들이 베트남에서 어떻게 위험을 무릅쓰고 돈을 긁어 모았는지에 대한 무용담은 자서전 등을 통해 많이 읽어 보았다.

1997년 외환위기,
나라를 흔든 주범은
바로 재벌

과잉 투자의 주체도 재벌들이며, 부실 경영으로 부도사태를 촉발한 것도 재벌들이고,
리스크를 고려하지 않고 함부로 외환을 차입하여 이자놀이를 했던 것도 재벌들이다.

1997년 외환위기,
나라를 흔든 주범은 바로 재벌

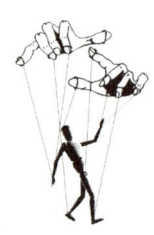

1980년대 초 시장 자유화 및 경제의 안정화를 통해 물가안정과 경제성장의 두 마리 토끼를 동시에 잡는데 결정적인 기여를 했던 청와대 경제수석 김재익은 당시 대학생이던 아들이 아버지가 독재정권에 협력한다고 항의하자 "경제의 개방화와 국제화는 결국 독재체제를 어렵게 하고 시장경제가 자리잡으면 정치의 민주화는 자연히 따라온다"고 타일렀다. 그는 친구들이 권력에 야합한다고 손가락질 하자 이런 말도 했다. "경제의 발전 없이 정치의 민주화는 요원한 일이다. 나는 정치의 민주화를 위해 반드시 대한민국의 경제를 반석 위에 올려 놓을 것이고 이를 바탕으로 대한민국은 반드시 정치의 민주

화를 이룰 것이다. 나는 내 방식으로 민주화에 기여하는 것이다."

김재익 경제정책의 성과

김재익이 이끌었던 정부 내 새로운 실세 그룹은 자유화를 통해 박정희 시대의 정경유착 및 개발주의로부터 조금이나마 탈피하고자 했고 안정화를 통해 성장 위주 및 재벌 중심의 경제 구조를 어느 정도 완화할 수 있기를 기대했다. 덕분에 1980년대의 한국은 1970년대 말의 과잉 투자에 따른 경제 위기를 성공적으로 극복하면서 물가 안정을 이룰 수 있었을 뿐만 아니라 부의 성장 및 분배에서도 큰 성과를 보았다. 구체적으로, 국내총생산(GDP)은 1980년 -1.2%였다가 1981~1985년 평균 7.84%의 급격한 성장을 했다. 또한 1980년 이전 하위 40%의 전체 소득 비율이 16.1%이었으나 1984년에는 18.9%로 향상됐다. 반대로, 상위 20%가 차지하는 소득은 1980년 45.4%에서 1984년 42.3%로 감소했다.

이윽고 1980년대 중반이 되면 달러화 약세(엔화 강세), 저유가, 저금리 등 이른바 3저 현상에 힘입어, 다음의 [표21]에 나타난 바와 같이 1986~1988년 동안 매년 10% 이상의 실질경제성장률을 기록하고 처음으로 경상수지 흑자를 기록하는 등 거시경제 상황이 전례 없이 호전되었다.

[표21] 1980년대의 경제성장률 변화

(단위: %)

1980	1981	1982	1983	1984	1985	1986	1987	1988	1989
-1.5	6.2	7.3	10.8	8.1	6.8	10.6	11.1	10.6	6.7

자료: 한국은행, 2005년.

김재익의 예견대로 1980년대의 경제 호황에 따라 급증한 중산층이 대거 참여한 1987년의 6월 항쟁은 한국 정치의 민주화를 야기했다. 6월 항쟁의 여파가 가시기 전 전국적으로 확대된 노동 투쟁을 계기로 (삼성을 제외한)대부분의 재벌 기업들에서 노조가 창설되었고, 국가는 과거와 같은 노조활동에 대한 폭력적 억압이 아닌 노사간의 자율적인 타협을 지지했다. 국가의 지원이 끊어진 상태에서 사측은 노조와 임금 인상 및 노동조건의 개선에 합의할 수밖에 없었다. 다행스럽게도 재벌들은 3저 호황에 따라 많은 이윤을 거둬들인 상황이라 이러한 양보가 치명적인 손해는 아니었다.

그 결과 실질임금 상승률이 이전 시기의 대략 5% 안팎에서 1988년부터 1990년까지 매년 16%를 상회하는 등 급격히 높아지게 되었다. 직장인들의 임금이 오르게 되자 소비가 활성화되기 시작하여 이때 처음으로 국내 소비가 경제 성장을 위한 새로운 원천이 되었다. 이전에는 임금 수준이 과도하게 낮았기 때문에 특히 재벌들은 한국에서 만든 제품의 국내 판매보다는 해외 판매에 치중했다. 그당시 수출의 성장기여도가 낮아지면서 처음으로 수출과 내수의 균

형이 어느 정도 이루어졌다.

재벌들은 임금을 양보(?)하는 대신 금융 자유화를 통해 부피를 키워갔다. 그들은 3저 호황에 따라 막대한 자본을 확보한 상황에서 정부의 금융 자유화 정책을 활용, 다양한 방식으로 금융 부문에 진출함으로써 기존 정부의 은행을 통한 재벌 통제로부터 벗어날 수 있는 발판을 마련했다. 재벌들은 비록 경영권을 정부가 관리하는 은행을 통제할 수는 없었으나, 보험회사, 증권회사, 투자신탁회사(투신사), 종합금융회사(종금사) 등 제2금융권에 속하는 많은 금융회사들을 자회사로 거느리게 되었다.

노동·자본 시장의 자유화를 재촉한 재벌

1990년을 전후하여 미국의 원화절상 압력, 국제 원자재 가격의 상승, 중국의 수출 본격화 등의 대외적 여건의 변화로 3저 호황이 끝났다. 더불어 3저 호황기에 벌어들인 이윤의 대부분을 생산적 투자가 아닌 부동산·주식 투기 및 계열사 확장 등에 사용한 여파로 재벌의 자금 상황 역시 급격히 열악해졌다. 이에 재계와 보수적인 언론사들은 '한국 경제의 위기'를 연일 강조하면서, 고임금과 고금리 때문에 힘들어하는 재벌들을 돕기 위해 정부는 노동 및 자본 시장을 당장 자유화해야 한다고 주장했다.

그런데 장상환이 〈1990년대 한국자본주의의 구조변화〉에서 주장한 바와 같이, 당시 임금인상으로 기업 경쟁력이 저하되었다고 보는 것은 맞지 않다. 1970년에 비해 1990년의 실질임금은 4배 정도 상승했는데 노동생산성 지수는 7배나 올랐다. 높아진 임금은 단지 1980년대 전반기 광주민주화운동 등 정부의 폭력이 거세어지자 임금 인상에 대한 목소리를 내지 못하여 실질임금이 급저하되었다가 6월 항쟁 이후 단기간 내에 회복된 것에 불과하다.

재벌들은 한편으로는 노동법을 개정하여 노동시장 유연화를 강화하지 않는다면 생산 과정의 전부 또는 일부의 해외 이전이 불가피하다고 협박하면서, 다른 한편으로는 중소기업들을 하도급거래 구조에 배치하고 하도급 업체에 대한 착취를 통해 생산비를 낮추고자 했다. 그 결과 중소기업 전체 매출액에서 하도급 거래 비중이 1986년 24.8%에서 1991년 66.8%로 급증하게 된다. 동시에 재벌기업의 착취로 말미암아 중소제조업체의 매출액 경상이익률은 대기업보다 높았다가 1990년을 기점으로 대기업보다 낮아지고, 1995년에 이르면 1.49%로 대기업의 4.40%에 훨씬 못 미치게 되었다.

김영삼 정부 시기가 되자 재벌의 자유화 요구는 상당한 결실을 보게 되었다. 노동비용 감소를 위한 노동시장 자유화와 관련, 1996년 12월 정부와 여당은 야당에 알리지 않고 '경쟁력 강화를 위한 선진국형 유연화 정책'이라는 이름 하에 정리해고, 비정규직 등을 허용하는 노동법 개정안을 7분 만에 날치기로 통과시켰다. 이후 3차례에 걸친 전국적인 파업이 벌어지는 등 반대 여론이 극심해지자 이듬해 인 1997년 3월 이를 다시 재개정했으나 정리해고, 비정규직 허용 등 의 주요 쟁점 사항은 그대로 남겨졌다.

노동비용 감소를 위한 방법 중의 하나가 자사 노동력을 축소하 면서 대신 하청업체를 보다 많이 고용하는 것이다. 이 시기 재벌의 하청업체 착취 또한 본격화되어 사업장 운영에 어려움을 겪는 중· 소 제조업체 사장들이 회사를 폐업하는 경우도 빈번해 졌다. 그 결 과 전체 경제에서 제조업이 차지하는 비중이 1988년의 32.1%에서 1996년 25.8%로 감소했다. 또한, 중소기업의 임금 수준 역시 대기업 의 임금 수준과 비교하여 큰 격차를 보이기 시작한다. 1980년에는 5~19명의 종업원을 가진 중소기업의 평균 임금이 300명 이상의 종 업원을 가진 대기업 평균 임금의 66%였으나, 이 수치는 1996년 51% 로 급감했다. 즉, 전체 임금 근로자 중 대다수를 차지하는 중소기업 직원들 임금이 대기업 직원들 임금의 1/2 정도에 불과한 시대가 도 래한 것이다.

자본비용 감소를 위한 자본시장 자유화 요구 역시 대부분 받아 들여졌다. 김영삼은 자유화를 고성장을 위한 만병통치약으로 간주 하면서, 자본시장을 전면 개방했다. 그는 전경련의 건의를 받아들여 한국 기업들이 국내 이자율의 절반에 불과한 해외 자본시장에서 자금을 조달할 수 있도록 했으며, 워싱턴 컨센서스의 지침에 따라 해외 금융기관들이 국내 시장에 자유롭게 진입하는 것을 허용했다. 1990년대 전반기에는 세계적인 과잉 유동성 및 일본의 거품 경제 붕괴로 인한 낮은 금리로 인해 자금을 해외에서 쉽게 조달할 수 있었다. 이러한 상황에서 1996년 10월 국내 금융시장의 완전 개방을 알리는 OECD 가입은 높은 수익을 거둘 수 있으면서도 안전한 투자처를 찾는 해외 자금의 국내 유입을 부채질했다.

김영삼 정부는 재벌의 금융기관 진입 규제 또한 대폭 완화한다. 1994년에는 LG, 삼양, 금호, 한솔, 경남, 한길, 경수, 고려, 영남 등 9개 투자금융사를 해외증권투자 및 외환 운용까지 가능한 종금사로 전환해줬고, 1996년에는 한화, 쌍용, 신세계, 대한, 중앙, 동양, 제일, 나라, 신한, 삼삼, 항도, 대구, 울산, 청솔 및 경일 등 15개 투자금융사를 종금사로 전환시켜줬다. 현대종금 등 기존의 종금사와 더불어 이후 30개로 늘어난 종금사는 특히 해외 업무에 중점을 두면서 해외 자금의 국내 유입의 첨병이 되었다. 보험회사, 증권회사, 종금사 등 주요 제2금융권은 이제 재벌들이 실질적으로 지배하는 영역이 되었다.

당시 재계와 보수적인 언론사들은 반규제를 외치며 연일 더 많은 자유화를 요구하고 있는 상황이었다. 정부와 여당 역시 이에 호응하여, 과거 경제 조정의 핵심적인 역할을 했던 '경제기획원' 마저 해체해버렸다. 선진 자본주의 국가에서는 일반 기업들의 투자 결정에 대한 통제가 일반 은행을 통해 사적으로 이루어진다. 과거 한국은 관료들의 기획 기능을 통해 어느 정도 은행의 감시 기능을 대신할 수 있었지만 경제기획원의 해체로 이마저도 요원해 졌다. 은행을 통한 재벌 통제도 어려워진 상황에서 이제 재벌의 투자 결정에 대해 누구도 간섭할 수 없게 되었다. 마찬가지로, 재벌의 투자 실패에 대한 사후 감독과 제재 역시 이루어지지 못했다.

무분별한 투자 과열

재벌들은 직접적으로는 자사계열 금융사 특히 종금사를 통해 그리고 간접적으로는 은행을 통해 들여온 막대한 양의 외화로 경쟁적으로 투자를 하기 시작했다. 무분별한 계열사 확장이 뒤따랐고 이에 따른 재벌의 경제력 집중이 가속화 되어 1997~1998년 30대 재벌의 국민총생산 대비 매출액 비중은 역대 최고인 무려 85%를 상회했다. 재벌들의 과잉투자에 대해 정부와 여당은 어떤 제재도 가하지 않았다. 오히려 이전 정부의 정책을 뒤집어 삼성이 자동차 사업에 진출하고 한보가 제철업에 진출하도록 하는 등 과잉투자를 촉진했다. 또한, 재경부내 친재벌 관료주의자들 역시 이전 정부에서 고려하고 있던 사외이사제 도입, 의무감사제 도입, 소액주주권리 보호 등의 시행을 뒤로 미뤄버렸다.

이 시기 투자는 급증했지만 그러나 소비는 침체되고 있었다. 내수의 경우 무엇보다 총 취업자의 80%를 넘어서는 중소기업 근로자의 임금이 정체되면서 활기를 잃어 갔다. 1990년대 중반 한국의 1인당 국민소득은 1만 달러를 넘어섰지만, 노동소득분배율은 1995년 기준으로 60%에 불과했다. 장상환의 〈1990년대 한국자본주의의 구조변화〉에 따르면 일본과 미국이 국민소득 1만 달러 시대에 접어들었던 시절 노동소득분배율은 각각 86.9%, 73.9%였다고 한다. 한국의 이러한 낮은 수치는 다른 무엇보다 대기업과 중소기업의 임금 격차가 그 원인이 된다.

해외시장에서 한국의 수출 또한 역동성을 상실해 가고 있었다. 당시 노동집약적 제품은 중국 및 동남아시아 국가들에 의해 추월 당하고 있는 상황이었다. 기업의 투자는 급증했으나 대부분 제품혁신 또는 공정혁신을 위해 쓰이지 않고, 기업의 외형을 키우는 데에 쓰였기 때문에 경쟁력 향상에 별 도움이 되지 못했다. 이러한 상황에서 1995년 미국과 일본이 '강한 달러' 정책을 통해 클린턴 대통령의 재선을 돕기 위해 1997년 4월까지 엔화를 60% 평가절하 하기로 동의한 것은 한국 경제에 치명타를 가했다.

IMF 경제 위기의 도래

결국 과잉 투자 및 이윤율 하락은 1997년 초부터 연쇄 부도를 낳았다. 1월 재계 순위 14위인 한보가 부도를 냈고, 3월에는 26위인 삼미가, 4월에는 19위인 진로가 무너졌다. 결정적으로 8월 재계 순위 8위인 기아가 부도남으로써 한국 경제의 위기는 공공연한 사실이 되었다. 특히 한보와 기아의 부도는 각각 5조 원과 10조 원의 부실채권을 발생시킴으로써 대외신인도 하락에도 결정적인 영향을 미쳤다. (참고로, 한보의 부실에는 대통령의 차남인 김현철이 연루되어 있고, 기아의 부도에는 '삼성X파일'에서 드러난 바와 같이 삼성이 연루되어 있다.)

상황이 이렇게 전개되자 외환 시장이 큰 타격을 받았다. 무분별하게 외환을 들여온 다른 금융 기관들도 책임이 적지 않지만, 종금사 특히 모험적으로 사업을 벌였던 재벌 계열 종금사들이 문제였다. 당시 많은 종금사들은 해외에서 낮은 금리의 단기자금을 들여와 리스크가 큰 태국, 러시아, 인도네시아 등의 나라에 높은 금리로 돈을 빌려주면서 이자차익을 보고 있었다. 부도사태로 대외신인도가 떨어지자 해외 단기자금의 만기 연장이 여의치 않아 달러 부족으로 큰 어려움을 겪었다. 설상가상으로 1997년 여름 동남아시아 국가들의 외환위기로 해외 단기자금의 만기 연장이 막혀버리자, 국내의 금융기관에서 보유하고 있던 달러화를 이용하여 이를 상환하였고 곧이어 연쇄적인 달러화의 대량 유출이 발생했다.

위험을 감지하고 해외 투자자들 역시 한국 시장에서 달러화를 일제히 회수하자 시중의 달러화 부족은 더욱 심화되어 외환 보유고는 1997년 11월 초 불과 39억 달러 수준으로 떨어졌다. 그해 11월 10일 환율은 사상 처음 달러당 1천 원을 돌파하였고―12월 23일 1달러당 2천 원까지 돌파한다―주가 역시 기록적인 폭락을 이어갔다. 1997년 11월 말 정부는 IMF에 구제금융을 신청하기로 결정하고 며칠 뒤인 12월 3일 IMF의 미셸 캉드쉬 총재와 임창렬 재정경제부 장관이 공식적인 구제금융 합의서에 서명함으로써 한국 경제는 IMF 체제로 들어갔다.

지금까지 1997년 외환위기의 원인에 대해 간략히 살펴보았다. '외환위기' 또는 'IMF위기'라는 명칭 때문에 재벌들의 책임이 가리워지는 측면이 있다. 그런데, 사태의 전개 과정을 살펴보면 다른 누구보다 재벌 기업에게 직접적인 책임이 있는 것을 확인할 수 있다. 예컨대, 과잉 투자의 주체도 재벌 기업이며, 부실 경영으로 부도사태를 촉발한 것도 재벌 기업이고, 리스크를 고려하지 않고 함부로 외환을 차입하여 이자놀이를 했던 것도 재벌 기업이다. 주지하다시피, 외환위기로 인해 또는 그 극복과정에서 많은 국민들의 삶이 이전보다 훨씬 힘들어졌다. 그런데 놀라운 점은 앞의 여러 장들에서 설명한 바와 같이 재벌 기업은 외환위기를 초래한 직접적인 당사자임에도 불구하고 외환위기의 극복 과정에서 국민의 피와 땀, 그리고 세금으로 가장 큰 이득을 보았다는 점이다.

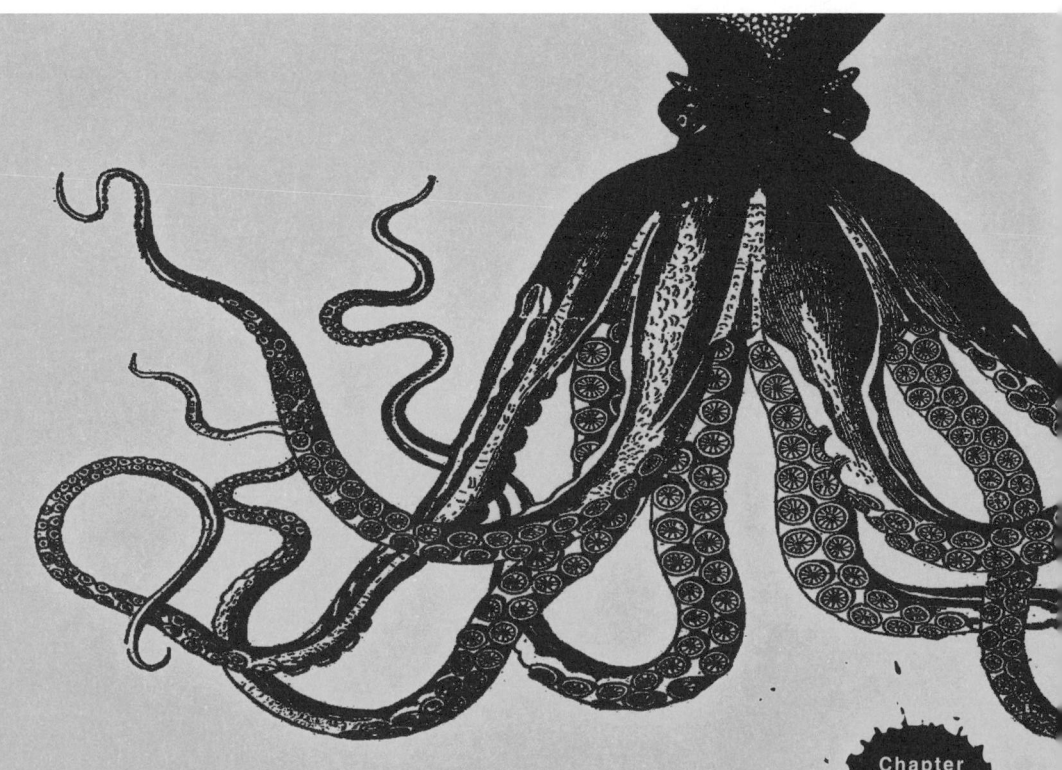

민주주의의 지체,
독재정권과의 유착으로
형성된 재벌

기업인들이 특히 과거 독재정권 시기 권력자에게 정치자금을 내는 것은 선택이 아닌
필수가 아닐까 하고 생각해 볼 수도 있다. 그렇지만, 재벌 총수들은 자신의 경영 능력
이상으로 기업을 키우기 위해 정권 실세에게 줄을 댄 것이지 기업의 유지를 위해 줄
을 댄 것은 아니었다.

민주주의의 지체,
독재정권과의 유착으로 형성된 재벌

'재벌'이라는 단어는 과거 일본의 '자이바쯔(財閥)'에서 나온 말이다. 특히, 미쯔이, 미쯔비시, 스미모토, 야스다의 4대 자이바쯔는 2차대전의 종전 이전까지 일본의 경제뿐만 아니라 정치까지 좌지우지했다. 전후 맥아더 군정은 군국주의 체제의 경제적 축이었던 자이바쯔를 그 책임을 물어 해체해버리고 소유와 경영이 분리된 '게이레쓰(系列)'를 만들어 냈다. 자이바쯔는 재벌가가 실질적 대주주로서 계열회사의 독점적 지배권을 갖고 있는 반면, 게이레쓰는 실질적인 대주주는 없지만 사장회를 중심으로 집단성을 유지하고 있다.

자이바쯔의 기원은 '정상(政商)'이다. 단어 그대로 정경유착을 통해 이권을 얻은 상인이라는 뜻이다. 자이바쯔 가문들 모두 19세기 말 메이지 시기의 식산흥업(殖産興業)에 편승해 엄청난 부를 쌓았다. 그때부터 2차 대전 때까지 자이바쯔들은 일본 정부와 협력한 대가로 계속 규모를 키워나갈 수 있었다. 예컨대, 종전 후 맥아더 군정이 미쓰이 그룹을 쪼갰더니 굴지의 기업 200개가 나왔다고 한다.

적산불하로 탄생한 재벌

한국의 재벌들 역시 처음부터 정권과의 유착을 통해 기반을 다졌다. 즉, 서구의 경우처럼 기업 경쟁력을 바탕으로 성장한 것이 아니라, 정권과의 긴밀한 유착을 통해 대기업으로 발전했다. 일반적인 자본주의 경제에서는 비슷한 물건을 파는 기업들 중에 어느 한 기업이 제품혁신을 통해 더 좋은 제품을 만든다거나, 공정혁신을 통해 생산비를 줄이거나, 아니면 외부 투자를 받을 수 있게 되어 자금사정이 좋다거나 하여 독과점을 이루어내고 이를 통해 대기업으로 성장한다. 그렇지만 한국에서는 이러한 자유시장 경쟁을 통한 방식 즉, 중소규모의 기업들이 서로 경쟁하면서 그 승자가 대기업으로 성장하는 방식이 아닌 정권 실세 특히 대통령과의 연계를 바탕으로 대기업을 일구어낼 수 있었다.

이를 구체적으로 살펴보자. 해방 후 들어선 이승만 정부 시기 한국 재벌들의 대다수가 정경유착을 통해 모습을 드러냈다. 이들은 적산불하(敵産拂下)를 통해 기업을 세우고, 미국 원조금을 분배받아 공장을 증축하거나 새로운 공장을 지었으며, 정부의 지원을 받아 막대한 이윤을 얻을 수 있는 수입무역에 종사했다. 이 모두가 엄청난 특혜로 독재정권에 대한 협력의 대가였다. 적산이란 다름아닌 일본 패망 후 일본인들이 팽개치고 간 재산을 말한다. 미군정청은 적산 재산의 총 가치를 약 3,053억 원 – 현재시세로 하면 약 1,600억 달러 – 으로 추정했으며, 적산으로 분류된 기업만해도 약 2,700개에 달했다. 이승만 정부는 적산 기업을 불하하면서 불하받은 사람은 처음 총 비용의 10%만 지불하고 나머지는 이후 15년 안에 지불하도록 했다. 당시 600%에 달하는 물가상승률을 감안하면 이는 거의 공짜나 다름없었다. 당연히 수많은 사람이 적산 기업을 불하받기 위해 줄을 섰다. 결국, 적산 기업을 불하받은 사람들은 자유당 관련자들, 정권 실세 또는 미군정청과 연줄이 있는 기업인들, 불하 비용 및 뇌물을 마련할 수 있을만한 금전적 여유가 있는 적산 기업의 전 고용인들이 주를 이뤘다.

이때 적산 기업을 불하받은 대표적인 인물들을 보면 다음의 [표22]과 같다. 이 밖에도 적산 기업을 불하 받아 지금의 대기업으로 키운 사례는 헤아릴 수 없이 많다.

[표22] 적산 기업 취득인 및 현재 기업명

적산 기업	취득인	현재 기업
미쓰코시백화점/조선생명	이병철	삼성
조선이연금속 인천공장	정주영	현대
조선제련	구인회	LG
선경직물	최종건	SK
조선화재보험	조중훈	한진
조선직물	김성곤	쌍용
삼화제철	장경호	동국제강
조선제분	최성모	신동아
조선유지	김종희	한화
소야전시멘트 삼척공장	이양구	동양
천야시멘트 경성공장	김인득	벽산그룹
군시공업 대구공장	설경동	대한전선
동양방직	서정익	동일
소화기린맥주	박두병	두산
삿보르맥주	민덕기	하이트맥주
고려방직 영등포공장/조선기계	백낙승	태창

자료: 아시아경제, 2012년 9월 19일.

위의 표를 보면 한 가지 특이한 사항이 있다. 과거 일제 강점기 때의 유명한 기업가들의 이름을 찾아볼 수 없다는 것이다. 해방 전 이름을 날린 기업가로 경성방직의 김연수, 화신백화점의 박흥식, 태창그룹의 백낙승, 광산 재벌인 이종만, 금광왕 최창학 등을 들 수 있다. 이들 중 백낙승만이 이승만 정부 시절 승승장구했다. 바로 이승만의 정치 자금을 대었기 때문이다. 그는 귀국 초기부터 이승만에게 접근하여 거액의 정치자금을 바쳤고 그에 대한 보상으로 엄청난 특권을 얻었다. 태창그룹은 이승만의 비호를 등에 업고 한국전쟁 이전 이미 한국 최초의 재벌 기업이 되었다.

일제 강점기 시기 기업인들의 경우 이승만의 정치적 경쟁자들과 연줄이 닿아 있는 경우가 많아 정치적 목적으로 이들을 억제할 필요가 있었다. 따라서 이승만은 대신 젊고 자신에게 충성을 다하는 기업인들에게는 특혜를 베풀어 그들이 재계를 주름잡도록 했다. 예컨대, 김연수의 경우 친형인 김성수가 이승만과 대립각을 세우자 정권의 미움을 받았고, 이종만과 최창학은 각각 여운형과 김구를 도왔다가 이후 모든 특혜에서 제외됨은 물론 집요한 세무조사를 받으며 쇠락의 길을 걸었다. 박흥식의 경우는 이승만에 많은 정치자금을 제공해주기는 했으나 정권으로부터 특혜를 받지는 못했다. 단지, 반민특위(반민족행위특별조사위원회)가 그를 첫 번째로 체포하는 등 대표적인 친일 인사였음에도 불구하고 무죄 판결을 받으면서 별다른 처벌을 받지 않았다.

이승만 독재의 물질적 기반인 재벌

적산불하를 통해 기업을 세운 젊은 기업인들 중 이승만과 자유당에 적극적으로 협력한 인물들은 곧 미국 원조금의 분배라는 충분한 보상을 받았다. 당시 한국 정부가 미국으로부터 받은 원조금 총액은

30억 달러 이상으로 아프리카 대륙의 전체 나라들이 받은 원조금 총액보다 많았다. 이승만은 그 돈을 친정부적 기업인들에게 장기저리로 빌려주어 수입 원자재의 국내 가공을 목적으로 한 수입 대체 소비재 산업을 육성하고자 했다. 그들은 1955년을 전후하여 그 돈으로 제분, 제당, 방직, 봉제, 시멘트, 섬유, 유리 등의 공장을 건설하였고, 수입이 억제된 상황에서 제품을 생산하자마자 해당 분야의 독과점 체제를 형성할 수 있었다.

재벌의 물적 토대를 마련한 또 하나의 영역은 수입무역이었다. 당시 일본과의 무역이 단절된 상태였기 때문에 수입의 대부분은 홍콩과 마카오를 통해 이루어졌으며, 수입자유화 이전이었기 때문에 정부의 엄격한 규제가 수반되었다. 해방 후 극심한 물자부족 상황에서 필수품 수입은 계속 늘어났고, 정부로부터 독점 수입권을 얻게 된 기업들은 큰돈을 벌었다. 또한, 이승만 정부 시절에는 한국 통화가 과대평가된 상황이었기 때문에 유리한 환율로 인해 수입업체들은 추가적인 이윤도 얻을 수 있었다. 재벌로 성장한 기업의 대부분이 이 시기에 정부의 인가를 얻어 수입 무역에 종사하면서 급속한 자본 축적을 해나갔다.

이승만은 기업인들에게 이러한 특혜를 베풀어주는 대신 정치자금을 노골적으로 요구했다. 당시 많은 기업인들이 자유당 운영비의 30% 이상을 부담했을 뿐만 아니라 직접적으로 자유당에 참여하면서 이승만을 지지했다. 정치자금은 또한 권력 유지의 주요 수단이었던 경찰 수뇌부들과 어용 깡패들의 호주머니에도 들어갔다. 모두 다 자신의 독재를 지속 및 강화하기 위한 용도로 쓰여졌다.

이승만의 독재 행각은 끝이 없었다. 대표적인 것만 해도, 1949년 안두희를 교사해 한국독립당 당수 김구를 암살한 사건—안두희는 이후 풀려나 대위로 전역했다. 한국전쟁 발발 후 대전, 부산, 대구 등의 형무소에 수감된 정치범 3천여 명을 집단 학살한 사건, 비슷한 시기 보도연맹에 가입되었다는 이유로 전국 각지에서 최소 20만여 명을 집단 학살한 사건, 1952년 간선제 대통령 선거에서 이길 자신이 없자 버스를 타고 국회에 가는 야당의원들을 공산당 프락치라는 이름으로 구속하고 경찰, 민족자결단, 및 '백골단' '땃벌떼' 등의 깡패 집단을 동원하여 국회를 포위한 속에서 대통령 직선제 개헌안을 통과시킨 사건, 1954년 헌법의 삼선금지 조항으로 영구 집권의 길이 막히자 사사오입의 논리를 적용시켜 정족수 미달의 헌법개정안을 통과시킨 사건, 1959년 당시 대통령 유력 후보였던 죽산 조봉암을 국가보안법 위반으로 체포하고 곧바로 사형시킨 사건, 1960년의 3.15 부정선거 등이다.

당시 기업인들과 이승만 독재가 밀접하게 관련되어 있음을 보여주는 사례 중 하나로 1952년의 '중석불(重石弗) 사건'이 있다. 정부여당은 1952년의 대통령 선거에서 이승만을 재선시키기 위해 필요한 자금을 조달하고자 중석(텅스텐)을 팔아 획득한 달러를 친정부적 기업인들에게 불하하여 밀가루와 비료를 수입하게 한 뒤, 이를 농민에게 최대 열 배에 달하는 이윤으로 비싸게 팔아 농민에게 심각한 경제 피해를 입혔다. 이로 인해 취득된 부정이득의 총액이 무려 200억 환이 넘었다. 야당은 국회에서 이를 추궁했으나, 사건과는 무관한 농림부 장관만이 해임되었고, 일을 꾸민 백두진 재무장관은 이승만이 재선된 후 총리로 임명되었다.

이승만 정부 시기의 정권과 유착한 대가로 많은 재벌 기업들이 성장의 발판을 마련했는데, 그중 가장 대표적인 기업이 이병철의 삼성이다. 다른 많은 기업인들과는 달리, 이병철은 이승만이 정권을 잡기 이전부터 교제가 있었다. 과거 이병철의 아버지는 이승만이 미국으로 가기 전 이승만을 만나 서로 교류했고, 이병철 자신 역시 1946년 이승만이 처음으로 대구를 방문했을 때 30여 명으로 구성된 환영단의 일원으로 왜관까지 마중 가서 만났다. 이병철의 자서전을 보면, 이승만이야 말로 존경할만한 인물로 나라를 이끌 유일한 인물이라고 회상하는 장면이 나온다. 이후 이승만이 대통령이 되자 이병철의 사업은 그야말로 승승장구를 거듭한다. 적산불하, 미국의 원조금 분배, 수입무역 등에서 이병철은 다른 기업인들보다 훨씬 큰 특혜를 받는다.

특히 이병철은 1957년 정부가 은행을 민간에 매각할 때 4대 시중

은행 중 흥업은행(한일은행의 전신), 상업은행, 조흥은행의 3개 은행을 장악하면서, 전체 시중 은행 주식의 거의 절반을 소유하게 되었다. 그리고 이를 통해 해당 은행들의 관리 하에 있던 부실 기업들 중 시장성이 양호한 기업들을 차례로 인수하면서 1950년대 후반에는 계열사를 열여섯 곳이나 거느린 재벌로 성장하면서 일거에 재계 정상에 올랐다. 물론 그는 답례로 이승만에게 막대한 정치 자금을 제공했다. 결국 1960년 4.19 혁명이 터지자 성난 민중은 '부정축재자'의 맨 앞에 이병철의 이름을 거론하며 그를 처단하라고 강력히 요구했다.

박정희 시대: 부정 축재자에서 정권의 협력자로

독재정권과의 유착을 통해 부정한 방법으로 막대한 부를 쌓아 올린 기업인들에 대한 국민적 단죄 요구는 1961년 5.16 쿠데타 이후에도 계속되었다. 쿠데타 며칠 뒤인 5월 29일 군사정부는 구인회, 설경동 등 많은 기업인들을 부정축재자로 지목하여 투옥했는데, 그중 한 사람이 "부정축재 1호는 일본 도쿄에 있는데 우리 같은 조무래기들만 가둬놓고 뭘 하겠다는 것이냐"고 불평했다. 당시 일본에 머무르고 있던 이병철을 지칭한 것이었다. 이병철은 "모든 재산을 국가에 헌납한다"는 성명을 발표하고 6월 26일 귀국한 후 박정희를 면담하는 자리에서 "자본주의 국가에서 자본가들을 감옥에 가두면 어떻게 하느냐"며 기업인들을 풀어줄 것을 설득했다.

　결국 박정희는 기업인들을 처벌하는 것보다는 활용하는 쪽이 더 유익하다는 판단을 내렸고, 수감 중이던 기업인들을 자신들의 재산을 국가에 헌납한다는 발표를 하게 한 후 모두 석방시켰다. 박정희는 기업인들에게 새로운 경제 단체를 만들어 경제 재건에 협력하도록 명령했고 이에 따라 탄생한 것이 경제재건촉진회이다 - 경제재건촉진회는 이후 한국경제인협회로 명칭을 바꿨다가 1968년 다시 전국경제인연합회로 다시 명칭을 바꿨다. 초대 회장은 이병철이 맡았고 재벌로 분류될 수 있는 모든 기업인들이 참여했다. 그들은 부정축재자에서 어느새 경제 개발의 주역으로 모습을 바꿨고 군사정권의 열렬한 협력자가 되어 있었다.

　한편, 군사정부는 국민들의 부정축재자 처리에 대한 요구를 무시할 수 없었기 때문에 '부정축재처리법'을 만들었다. 이에 따라 관련 조사를 해보니 부정축재 총액은 726억 환에 달했으나, 실제 기업인들이 부정축재의 대가로 내놓은 돈은 39억 9,400만 환에 불과했다. 더군다나, 1963년 민정 이행을 위한 대통령 선거를 앞두고 재벌들은 정부와 협력하여 설탕, 밀가루, 시멘트의 이른바 삼분(三紛)의 가격을 올려, 정부에 내놓은 돈의 세 배 이상을 벌었다. 그리고, 당시 벌어들인 이윤의 대부분을 군사정부에 주어 선거자금으로 활용하도록 했다. 대통령 선거 당시 박정희는 46.6%의 득표율을 기록하여 45.1%의 득표율을 기록한 윤보선을 아슬아슬하게 제치고 당선되었는데, 여기에는 재벌들의 선거 자금이 결정적인 역할을 했다. 박정희 시대 정경유착의 서막을 연 것이다.

박정희가 대통령이 된 후 재벌들은 본격적으로 정권과 유착하면서 크게 다음의 네 가지 방식을 통해 자본을 축적했다. 첫째, 재벌들은 낮은 금리의 은행 대출을 통해 자본을 축적했다. 서너 배나 높은 사채 이자율과 높은 물가상승률 하에서 낮은 금리로 은행에서 돈을 빌릴 수 있다는 자체만으로 노다지를 의미했다. 정책금융자금이건 시중 은행의 일반 대출이건 은행을 통한 대출의 거의 대부분은 재벌들의 몫이었고, 중소기업과 서민은 급전이 필요한 경우 사채에 의존할 수밖에 없었다. 둘째, 정부는 외자도입의 인·허가권을 재벌들에 몰아줌으로써 재벌들을 살찌웠다. 당시 국제 금리는 국내 금리의 1/3~1/2 수준이었기 때문에 거액의 외국자본을 도입할 수 있었던 재벌들은 단기간에 엄청난 부를 쌓았다. 셋째, 세금 특혜를 통해 재벌들은 막대한 이익을 보았다. 수출 촉진을 위해서 또는 중화학 공업화의 지원책의 일환으로 정부는 재벌 기업에 세금을 감면해주거나 적은 세금을 납부하도록 했다. 넷째, 독과점 이익을 통해 자본을 축적했다. 정부는 자본효율 제고 및 과열경쟁에 따른 집단 도산 방지의 명목으로 투자인가를 제한했다. 그 결과 재벌들은 독점적 가격 설정을 통해 초과이윤을 획득할 수 있었다.

재벌이 박정희 정부와 협력하여 언제나 큰 이득만 본 것은 아니었다. 그 대표적인 예가 삼성의 '사카린 밀수 사건'이다. 사카린 밀수를 현장 지휘했다고 밝힌 이맹희의 회고록에 의하면, 삼성은 정부의 지원을 받아 비료 공장을 짓기 위해 일본 미쓰이와 계약을 맺었다. 미쓰이는 공장 건설에 필요한 차관 4,200만 달러를 기계류로 대신 공급하기로 하고 삼성에 리베이트로 100만 달러를 주고자 했다. 이병철은 이 사실을 박정희에게 알렸고, 둘은 그 돈을 나누기로 했다. 그런데 돈을 현찰로 가져오는 게 쉽지 않았고 밀수를 하면 가치를 부풀릴 수 있다고 생각하여, 평소 들여오기 힘든 공작기계나 건설용 기계와 함께 돈이 되는 사카린 원료를 건설자재로 꾸며 들여오기로 했다. 부산 세관은 밀수를 적발했지만 검찰에 고발하지 않고 단지 2천여만 원의 벌과금 추징만 했다. 그런데, 한 신문이 정보를 입수하여 삼성이 사카린 원료를 밀수했다고 특종 보도를 내보냈다. 삼성에 대한 여론이 극도로 악화되었을 무렵 김두한 의원이 대정부 질문 도중 국회에 오물을 뿌려 전국을 떠들썩 하게 만들었다. 결국 이병철은 비료 공장을 국가에 헌납하고 56세의 나이로 은퇴를 선언하게 되었다. 당시 〈사상계〉의 사장이었던 장준하는 대구에서 열린 '재벌기업 삼성밀수 규탄대회'에서 "박정희야말로 밀수 왕조"라고 했다가 대통령 명예훼손으로 구속되기도 했다. 그런데 이맹희에 따르면 처음 밀수를 제안한 것도 박정희였고 밀수 진행 상황도 뻔히 알고 있는 상태인데 정부에서 일이 터지자 모른 체했다는 것이다. 이병철은 당시 이런 말도 했다고 한다. "우리가 설탕 공장을 하고 있는데 우리 회사의 설탕 판매량에 결정적 타격을 줄 사카린 재료를 우리가 왜 밀수했겠는가?"

전두환·노태우에게 수천억 원을 건넨 재벌

박정희는 유신 전에는 청와대, 중앙정보부, 공화당 등 여러 통로를 통해 정치자금을 모집하다가, 유신 후에는 직접 재벌들로부터 정치자금을 거뒀다. 뒤를 이은 전두환, 노태우 역시 직접 재벌들로부터 정치자금을 받아 집권당을 통해 정치인들에게 주거나 선거 후보자들에게 선거자금으로 배분했다. 이에 대한 대가로 전두환, 노태우 정부 시기 역시 박정희 정부 시기와 유사한 방식으로 다양한 혜택을 재벌들에게 제공했다. 예컨대, 1990년을 기준으로 30대 재벌들이 가져다 쓴 정책금융자금은 25조 원으로 이는 전체 금융대출의 절반 이상을 차지한다.

당시 정부의 재벌 특혜가 어떻게 제공되었는지를 보여주는 구체적인 예로 1987년 한진그룹이 대한선주라는 해운사를 인수할 때의 과정을 살펴 보자. 대한선주는 당시 은행 빚 7,938억 원이 있었지만 정부는 한진그룹이 대한선주를 인수하는 과정에서 전체 빚의 53%인 4,207억 원을 탕감해 주었다. 나머지 3,731억 원의 빚에 대해서도 이자 없이 20년간 원금만 분할상환할 수 있도록 했다. 박세길은 그의 책 〈한국경제의 뿌리와 열매〉에서 한진그룹이 대항선주 인수로 인해 얻은 부당이익을 2조 4,600억 원으로 추산하고 있다.

1996년 1월의 검찰 발표에 따르면 전두환 정권은 1980년부터 1988년 3월까지 재벌들로부터 총 9,500억 원 정도를 받았고, 이중 2,159억 원이 전두환이 직접 받은 정치자금이다. 전두환에게 가장 많은 정치자금을 제공한 재벌은 삼성그룹과 현대그룹으로 각각 220억 원을 주었다. 그다음으로 동아그룹 180억 원, 대우그룹 150억 원의 순이다. 그에 앞선 1995년 12월의 검찰 발표에 따르면 노태우는 재임 중 재벌로부터 받은 약 2,840억 원의 불법 정치자금을 받은 것으로 드러났다. 이를 표로 나타내면 다음의 [표23]과 같다. 정치자금은 모두 불법적인 뇌물로 금융 및 세제 운용에서 다른 기업보다 유리한 대우를 받을 수 있도록 선처하여 달라는 취지로 전달된 것이다. 그런데, 불법 정치자금을 준 어떤 재벌 총수도 집행유예만을 선고받았을 뿐 실형을 살지는 않았다.

[표23] 노태우에 대한 뇌물 공여자 명단

(단위: 억 원)

뇌물공여자	뇌물공여업체	뇌물액수
이건희	삼성그룹	250
정주영	현대그룹	250
김우중	대우그룹	240
최원석	동아그룹	230
구자경	럭키그룹	210
조중훈	한진그룹	170

➡ 계속

뇌물공여자	뇌물공여업체	뇌물액수
정태수	한보그룹	150
신격호	롯데그룹	110
배종열	한양주택	100
장진호	진로그룹	100
김중원	한일합섬	100
김석원	쌍용그룹	80
조기현	청원종건	80
최효석	유원건설	80
조석래	효성그룹	75
이준용	대림건설	70
이건	대호건설	70
박성용	금호건설	70
김용산	극동건설	50
김준기	동부그룹	40
김선홍	기아그룹	40
박용학	대농그룹	40
장치혁	고합그룹	30
장상태	동국제강	30
조남욱	삼부토건	30
최종현	SK그룹	20
이동찬	코오롱그룹	20
박용곤	두산그룹	20
임창욱	미원그룹	20
김현철	삼미그룹	10
박건배	해태그룹	10
서성환	태평양그룹	10
현재현	동아그룹	10
이정호	대한유화	10
류찬우	풍산	5
유각종	석유개발공사	58.96
합계		2,838.96

자료: 조선일보, 1995년 12월 6일자.

위의 표에서 특히 건설업체들의 이름이 많이 보이는 것은 건설업이야말로 정권과의 유착으로 인한 효과가 가장 크기 때문이다. 정부가 발주하는 대규모 공사는 지명경쟁입찰의 형식을 취했지만 실제로는 정치 실세와의 연줄과 뇌물이 무엇보다 중요하다. 이는 이승만 정부 때부터 하나의 관례였다. 당시 '자유당 5인조'라 불린 대동산업, 극동건설, 현대건설, 삼부토건, 조흥토건 등은 정부 발주 공사의 거의 전부를 독차지하면서 업자끼리의 담합을 통해 막대한 이윤을 얻었다.

당시 정치자금을 잘 내지 않는 재벌들의 경우 미운 털이 박혀 해체되기도 했다. 대표적인 경우가 1980년대 초 21개 계열사를 두며 재계 서열 7위를 기록했던 국제그룹이 하루아침에 해체된 사건이다. 표면적인 이유는 무리한 기업 확장과 해외공사 부실이었지만 실제로는 규모에 비해 정치자금을 충분히 내지 않았기 때문이다. 총수인 양정모는 새세대육영회와 새마음심장재단이 2천 5백억 원을 걷는 동안 한 푼도 내지 않았고, 청와대 비서실의 전화를 받은 후에야 새마을 성금 10억 원을 3개월짜리 어음으로 냈다고 한다. 결국 국제그룹은 1995년 해체되어 정치헌금을 잘 낸 여러 회사들이 우량 계열사들을 나누어 가졌다.

이후 김영삼 정부가 들어서고 재벌의 정치자금을 더 이상 받지 않겠다고 선언하면서 정권의 불법적인 정치자금 수수는 한풀 꺾였다. 그렇지만 김영삼 정부 시기 대통령의 차남 김현철이 연루된 '한

보게이트,' 김대중 정부 시기 대통령의 차남 김홍업의 불법자금 수수, 2002년 대선을 앞두고 삼성그룹이 정치권에 385억 4천만 원을 전달한 것 등 한국에서 정치와 경제의 불법적인 유착관계는 여전히 끊이질 않고 있다.

썩은 뿌리를 둔 한국 재벌 기업의 미래는?

기업인들이 특히 과거 독재정권 시기 권력자에게 정치자금을 내는 것은 선택이 아닌 필수가 아닐까 하고 생각해 볼 수도 있다. 그렇지만, 재벌 총수들은 자신의 경영 능력 이상으로 기업을 키우기 위해 정권 실세에게 줄을 댄 것이지 기업의 유지를 위해 줄을 댄 것은 아니었다. 기업 유지의 측면에서도, 깨끗하고 투명한 경영 활동을 했다면 정권의 세무 사찰 등을 두려워할 이유가 없다. 이와 관련 대표적인 예로 유일한 유한양행 창업주를 들 수 있다. 그는 이승만 정부 시기 산업부장관직을 제안 받았지만 썩어 빠진 곳에는 들어갈 수 없다고 거절했다. 박정희 정부 시기에는 정치자금을 한 푼도 내지 않자, 박정희가 '털어서 먼지 안 나오는 곳 없다'면서 전면적인 세무조사를 실시했고, 과학기술처에서 유한양행의 약품성분 조사까지 했지만 어떤 잘못도 발견하지 못했다. 이에 정부는 오히려 모범 납세자로 훈장까지 줘야 했다.

한국의 재벌들은 정경유착으로 성장했기 때문에 기업 경쟁력이 떨어져, 대부분의 경우 여전히 정부의 지원이 없으면 제대로 성장할 수 없다. 2012년 3월 말 기준 공식적인 10대 재벌의 사내 유보금 총액만 해도 183조 원에 달하며 이중 현금자산은 52조 1,461억 원이라고 한다. 정부의 지원 및 묵인 하에 비정규직 확대, 하청업체 착취, 법인세 인하 등으로 현금으로만 수십 조 원을 은행에 쌓아두고도 역량 부족으로 마땅한 투자처조차 찾지 못하고 있는 상황이다. 최근 겨우 찾은 것이 일감 몰아주기를 통해 기존 중소업체들을 몰아내거나, 골목상권 침해를 통해 자영업자들의 문을 닫게 하는 정도이다.

반면 재벌이 아닌 중소기업이 입고 있는 피해는 너무나 심각하다. 납품단가 몰아치기 등의 하청업체 착취뿐만 아니라, 금융이 소수 재벌들에 편중되어 있기 때문에 은행으로부터 자금을 얻어 새롭게 사업을 시작하거나 낮은 이자율로 현재의 자금 사정을 개선할 수 없다. 재벌들이 올려 놓은 부동산 가격 역시 신규 창업자가 사업 장소를 찾기 어렵게 하며 중소기업이 사업을 확장하고자 해도 추가 용지 구입을 어렵게 한다. 또한, 돈이 되는 것이라면 무엇이든지 하는 문어발식 확장을 통해 중소기업에 적합한 사업 영역에까지 진출함으로써 중소기업이 자생력을 갖고 성장하는 것을 억제하고 있다. 고용 시장에서도 재벌들은 높은 임금이라는 당근으로 해마다 우수한 신규인력을 싹쓸이 하고 있으며, 중소기업의 우수인력조차 거리낌 없이 빼내가고 있다 ─대부분 중소기업의 경우 재벌들의 착취로 이윤율이 떨어져 구조적으로 높은 임금을 주기 힘들다.

과거 미국의 경제학자들은 미국 경제가 아무리 높은 성장을 이룩한다 해도 1950년 경의 '베이비붐' 시대에 태어난 아기들이 취업하는 시기인 1970년대와 1980년대 산업계가 이들 젊은이들에게 적절한 수의 일자리를 제공하기가 불가능할 것으로 예상했다. 그러나 현실에서는 늘어난 인구보다 두 배에 이르는 일자리가 마련되었고, 신규 일자리 창출 속도는 1950년대에 비하면 약 일곱 배에 달했다. 피터 드러커의 〈이노베이션과 기업가정신〉에 따르면, 경제학자들의 이런 착오는 과거 성장해 온 분야에 대해서만 초점을 맞추었기 때문이다. 실제 당시 미국의 새로운 일자리는 과거의 대규모 조직체가 아닌 소규모 조직체로 옮겨 갔으며, 과거 일자리를 창출했던 분야는 이제 취업감소의 역할을 했다.

한국에서도 마찬가지로 현재 재벌들의 신규 채용 규모는 정체되거나 감소하고 있다. 그렇지만 미국의 경우와는 달리 소규모 조직체 즉 중소기업의 성장은 지체되고 있는 상황이다. 재벌 기업들이 금융, 부동산, 우수인력 등을 독점하면서 중소기업은 설 자리를 잃고 있으며, 돈벌이가 되는 영역이라면 닥치는 대로 진입하여 중소기업들을 몰아내고 있기 때문이다.

정리하자면, 한국의 재벌은 독재정권과의 유착을 통해 탄생되었고 성장했다. 이는 두 가지의 의미가 있다. 첫째, 재벌은 독재정권을 경제적으로 지원함으로써 한국에서 민주주의가 발전하는 것을 간접적으로 지체시켰다. 둘째, 재벌은 정경유착으로 키워졌기 때문에 기업 경쟁력이 떨어져 정부의 지원이 없으면 외국 경쟁업체와 제대로 맞설 수 없다. 현재의 한국은 민주정권이 들어서 있지만 정경유착의 고리는 여전히 끊어지지 않고 있다. 그러나 과거와 같이 정치적 목적이 아닌 순전히 경제 살리기만을 위하여 재벌을 돕는다 하여도 그 효과는 기대할 수 없는 상황이다. 오히려 재벌의 독과점만을 도와주어 국민 경제에 악영향을 끼칠 뿐이다.

대형서점의 학술서적 코너에 가보면 의외로 한국 경제 및 한국 경제의 가장 중요한 행위자인 재벌들을 분석해 놓은 책이 많지 않은 것을 확인할 수 있다. 오히려 미국 경제나 중국 경제를 분석한 책, 또는 외국 기업이나 기업가에 관한 책이 더 많다. 그나마 한국 경제를 분석해 놓은 책이라고 해도 경제학 전공자들을 위한 책이 대부분이라 내용이 난해하여 일반인들이 이해하기 쉽지 않다.

학자들의 경우 학술논문을 잘 써야 교수 채용 및 승진에 유리하기 때문에 단행본 집필에 게으른 그들을 어느 정도 이해는 할 수 있다. 그렇지만 한국 사회가 재벌들의 손아귀 아래 들어가 경제뿐만 아니라 법, 정치, 교육, 가정, 일상생활 등 사회 전반이 무너지고 있는 상황에도 상아탑에 머물며 침묵하고 있는 현 상황은 비난을 받아 마땅하다. 그나마 다행인 것은 이명박 정부 들어 재벌들의 횡포가 워낙 심각하다 보니 일반인들을 대상으로 이를 비판하는 서적들이 나오고 있지만 여전히 매우 부족한 실정이다.

"보통 사람들은 느끼고 있고 현명한 사람들은 알고 있는 것을 지식인은 설명할 의무가 있다"는 명언이 있다. 재벌에 대한 인식이 예전에 비해 많이 달라졌다. 과거 자신의 밥벌이에만 관심이 있었던 보통 사람들도 재벌들이 승승장구하고 있지만 그 이익이 나에게 돌아오는 것이 아니기 때문에 나와는 별개의 일이라고 생각하거나, 혹은 어렴풋이 재벌들이 나에게 돌아올 이익을 빼앗음으로써 자신들을 살찌우고 있는 것은 아닌지 의심하고 있다. 경제 문제에 관심이 많아 신문의 경제난을 자주 정독하고 있는 사람들은 한국 사회에서 재벌의 급성장을 위해 중소기업과 서민이 희생당하고 있고 이명박 정부에서 이러한 양상이 더욱 심해져 위기 상황으로 치닫고 있다는 것을 알고 있다.

그런데 재벌 중심의 사회구조가 어떤 폐해를 낳고 있으며 왜 이러한 상황이 전개되고 있는지를 일반 대중들에게 알기 쉽게 설명할 책임이 있는 우리 사회의 지식인들은 강 건너 불구경 하듯 현재의 위기 상황을 그저 바라만 보고 있다. 여느 때보다 가장 지식인의 역할이 요구되는 이 시기에 왜 침묵으로 일관하고 있는가. 필자가 비록학계의 초년생에 불과하지만 다소 거창한 제목의 이 책을 출판하는이유는 다름 아닌 이와 같은 위기감 때문이다. 훌륭한 선배들이 많이 부족한 이 책에 자극받아 지식인으로서의 의무를 수행할 수 있기를 감히 바라마지 않는다.

재벌을 위해 당신이 희생한 15가지

초판 1쇄 발행 2012. 12. 10

지은이 **최용섭**
펴낸이 **한승수**
펴낸곳 **문예춘추사**
편 집 **오미연 권빛나**
디자인 **김희진**
마케팅 **김승룡**

주 소 **서울특별시 마포구 연남동 565-15 지남빌딩 309호**
전 화 **02-338-0084**
팩 스 **02-338-0087**
이메일 **moonchusa@naver.com**
등 록 **1994. 1. 24 (제300-1994-16)**

ISBN 978-89-7604-102-9 13320
※책값은 뒤표지에 있습니다.
※잘못된 책은 구입하신 서점에서 바꾸어 드립니다.